초연결 학교

HYPER-CONNECTED

세상을 품은 학교의 시대가 온다

초연결 학교

함돈균 지음

CRITICAL THINKING

CREATIVITY

COMMUNICATION

COLLABORATION

SCHOOL

쌤앤파커스

추천사

● 30년 전의 교육이 오늘의 우리를 만들었다면, 여전히 교과서에 갇혀 있는 오늘의 교육이 만들어낼 30년 후의 내일은 과연 어떤 미래일까? 이 책은 걱정과 비판에 그치지 않고 학교의 운영 원리 차원에서 접근하며 아주 구체적인 대안을 제시한다. 배움과 실천, 앎과 삶, 지식과 맥락, 책과 현장, 학교와 세상을 연결하는 배움의 장을 열자고.

미래교육은 과감히 평균에 종말을 고하고 개별적 경험을 초월한 추상성을 발견하며 문화, 가치, 세대, 젠더, 지식의 영역을 포괄하는 다양성을 추구해야 한다. 어정쩡한 대안학교나 혁신학교가 아니라 미래를 실천하는 '학습자 중심'의 미래학교를 꿈꾼다.

– **최재천** 이화여대 에코과학부 석좌교수, 생명다양성재단 이사장

제목만으로 베스트셀러가 되는 책은 많지만, 제목만 봐도 공부가 되는 책은 별로 없다. 인문학자이자 평론가, 교육활동가이자 유튜버라는 함돈균의 경험 고리들이 만들어 낸 흥미진진한 소제목들만으로도 우리는 미래교육을 새롭게 상상하고 질문할 수 있다. 당신의 아이가 어떻게 자라야 하는지 궁금하다면, 당장 이 책을 펼쳐 여러분과 아이들의 삶에 연결하자. 이 책으로 새로운 교육을 손수 만들어 펼치고 싶지 않은가.

- 조병영 학습과학자, 한양대 국어교육과 교수

인공지능 시대의 본격화와 함께 교육 패러다임의 근본적 재정립이 시급한 지금, 함돈균 선생님의 저서는 한국은 물론 글로벌 교육의 새로운 지평을 열어갈 혁신적인 방향성을 제시합니다. 특히, 초자기주도학습을 통해 실천적 배움을 강조하고 있는 점은 여러 나라를 돌아다니며 강연하는 저의 메시지와 일맥상통합니다. 특히 아직 존재하지 않는 직업을 위해 준비해야 하고 스스로 창직創職을 해야 하는 미래를 위해, 이 책에 담긴 인문학적 통찰은 학습자와 교육자 모두에게 강한 울림을 줍니다. 자녀를 키우는 부모는 물론, 교사, 교육학자, 기업가들에게 적극 추천합니다.

- 폴김 스탠퍼드대 교육대학원 부원장

●　문학평론가 함돈균의 미래교육에 대한 시선은 '오래된 미래'를 장착한 첨단이다. 그의 시각은 '어린 왕자'와 '선재동자' 그리고 '이상한 나라의 앨리스'를 칵테일한 느낌을 준다. 나이와 젠더와 국경을 넘어, 중심의 사고를 탈피한 글로컬 유목민의 관점이다. 함돈균은 그리스의 고전 '안티고네'부터 지드래곤의 최신작 'Power'와 로제의 '아파트'까지, 스탠퍼드와 MIT와 미네르바대학의 최신 교육트렌드부터 삼성과 현대, SK 같은 대기업, 리움미술관의 교육디자인에 이르기까지 다양한 영역을 거리낌 없이 활보한다. 그의 '이상한' 미래학교 제안들은 본질을 꿰뚫어 보는 어린 왕자의 다른 시선, 선재동자의 구도정신과 호기심, 앨리스의 창의적 모험과 탐험의 용기로 가득하다.

　그의 책『초연결 학교-세상을 품은 학교의 시대가 온다』를 읽으며 가슴이 뛰었다. 그의 문명 전환을 위한 뉴스쿨의 꿈이, 나를 살리고 세상을 살리고 지구를 살리는 구체적 비전과 사례를 제시하기 때문이다. 지금의 한국 교육에 큰 의문을 가지고 있는 분, 새 시대를 위한 미래교육에 목말라 있는 분, 지속 가능한 아름다운 세상을 만드는 데에 필요한 창조적 교육소프트웨어를 다운로드하고 싶은 모든 분들께 이 책을 온마음으로 추천한다.

　　　　　　　　　　　　　－ 현경 유니온 신학대학원 교수, 소울코치

● 코로나를 경험하며 우리는 단절과 분리의 경험 속에 연결, 연대의 필요성을 더욱 절감했습니다. 디지털대전환시대를 맞이해 인간과 자연, AI와의 공존과 협력을 위한 나다움, 인간다움은 더욱 중요해지고 있습니다. 이제 우리 학생들에게 앉아있는 학교에서 앎과 삶을 연결하는 움직이는 학교로 그들의 '삶의 힘'을 키워 주어야 합니다. 그간 앎과 삶이 분리되었던 우리 교육의 한계를 넘어 삶을 배우는 학교, 일상이 배움이 되는 교육을 만들어야 합니다. 이 책은 한 사람이 생生을 온전하게 살아가기 위해, 우리 모두 인간人間다운 삶을 영위하기 위해, 보이거나 보이지 않는 것들의 모든 연결을 이해하고, 공감하고, 실제 삶에서 구현할 수 있도록 독자의 인식 저변을 광대하게 넓혀줄 책이 될 것입니다.

– 도성훈 인천광역시교육청 교육감

목차

프롤로그

0교시 • 다시 문을 열며

미래학교, 지금 시작하기만 하면 된다   014

1교시 • 연결을 자각하기

001 우산과 물컵, 수술대 위의 재봉틀과 우산 - 이상한 연결과 창조성   026

    우산은 외롭지 않다 | 철학자 헤겔은 바다로 여름휴가를 가도 좋다 | 필연적 연결을 창조하는 진리놀이

002 보르헤스의 도서관은 무한하다 - 20세기 논리 교육과 21세기 사물 환경   036

    하나의 답이 있는 사물 알고리즘 | 정답은 존재하지 않으며 무한한 연결은 가능하다 | 탁월한 건축가도 도시를 혼자 분석할 수는 없다

003 어린 왕자가 만난 지리학자 - 교실의 가상성과 소외된 앎   049

    내가 다닌 학교는 삶을 가르쳐주지 않았다 | 추상적 지식이 나쁜 지식은 아니지만 | 모든 곳에 대한 지식, 아무 곳에도 닿지 못한 앎

004 삶을 알지 못하는 수재들의 학교   059

스탠퍼드대학의 실험실 혁명과 배고픈 아이들의 회전목마 | 맥락화 학습이 안 되면 선행을 하고도 죽을 수 있다 | 글로벌·국제·다문화·세계시민, 서로 다른 손가락 | 다양성diversity에 올인하는 스탠퍼드대학

005 한 번도 서울 사람들과 연결되지 않은 세계적 건축가의 가상 공간   074

그가 직접 서울에서 이 건물을 설계했다면 | 연결되어 있지 않음은 소외를 낳는다 | 기계인간과 기계도시, 카프카와 불통의 공부

2교시 • 초연결 학교는 무엇을 연결하고 어떻게 배우나

006 냉장고와 스쿨버스로 미래의 질문을 연결하기   088

일상의 발견을 배움으로 연결하기 | 어떻게 사과를 새롭게 볼 것인가 | 조개를 까고 문짝을 손으로 열기 | 관찰과 질문만으로도 신을 만날 수 있다

007 시인들이 글로벌 IT·가전 기업으로 간 까닭은   114

어떻게 경험을 디자인할 수 있을까 | '이상한 나라의 앨리스'로 생활서비스 디자인하기 | 시인들이 설계한 로봇청소기

008 코딩보다 중요한 인문예술수업   130

다시 살아난 아리스토텔레스 | 문화예술교육이 아니라 인문예술교육 | 인문적인
사람은 너그럽다

009 지구를 지키는 올라퍼 엘리아슨과 종말의 학교   141

새로움 자체가 창의성은 아니다 | 과학자, 철학자, 아이, 그리고 예술가-교사 | 예
술가는 우주를 품은 예술교사다 | '미래 보장 이론'을 깨뜨린 종말의 학교

010 왜 세계 제일의 공과대학은 지금 음악수업에 몰입하는가   158
     - 미래 아이들의 학교 MIT 음악수업

달을 가리키는 손가락, 테크놀로지 | 하나를 지시하는 서로 다른 질문 | 음악수업
으로 인문적 이상을 엔지니어링하다

011 학교가 세상을 연결하는 몇 가지 방식   170
     - 미국 대학 혁신 랭킹 1, 2위 대학은 무엇을 연결하고 있나

미네르바대학, 캠퍼스는 없애고 도시는 연결하고 | 교사와 교실이 없어도 학교는
건재하다 | 교육행정이라는 미래로 가는 비밀열쇠 | 애리조나주립대학, 모든 이를
위한 학교 | 포용적 학교, 훌륭한 학교를 디자인하기

3교시 • 가까이 있으나 끊어져 있던 것들을 다시 잇기

012 누구를 위한, 무엇을 위한 '자기 주도성'인가   194

아주 오래된 그러나 실현되지는 않는 | 학생 중심보다 더 나아간 학습자 주도성 |
교사는 바꾸고 학부모는 빠지고

013 자기계발인가 자기성장인가   205

학습자 주도성을 말하기 전에 먼저 물어야 할 것 | 이제는 서울대도 어쩔 수 없이
따라야 한다 | OECD 학습 나침반과 무지한 스승

014 학교와 학습자의 마음을 연결시켜라   216

– 학습과 영성(spirituality)

구글은 왜 명상을 교육프로그램화 하는가 | 디자이너 스티브 잡스와 감정지능 | 명
상은 자기계발 프로그램을 넘어서야 한다 | 오프라 윈프리가 말하는 'Who am I'
| 영성은 초연결을 지시한다

015 네 개의 교실과 오래된 미래   239

스쿨, 여유와 휴식 | 첫 번째 교실, 다원적으로 대화하는 코치 소크라테스 | 학습자
를 자극하는 산파-교사 | 교사는 에고를 죽이고, 학교는 지금을 살아라 | 두 번째
교실, 정신분석가의 안전한 카우치 | 세 번째 교실, 나를 잊고 나를 알게 하는 장자
의 해방적 교실 | 네 번째 교실, 문학책을 읽는 보르헤스의 아날로그 도서관

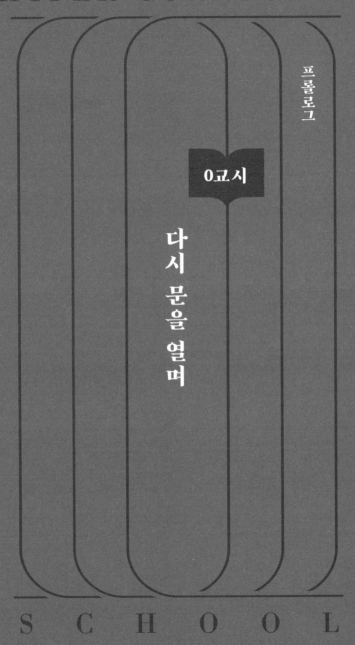

HYPER-CONNECTED

프롤로그

0교시

다시 문을 열며

SCHOOL

📖 미래학교, 지금 시작하기만 하면 된다

대체로 많은 책의 서문은 그 책의 원고가 마무리된 후 가장 늦게 쓰입니다. 독자와 만나는 첫 번째 페이지가 가장 마지막에 쓰인다는 사실은 오랫동안 문학평론가의 정체성으로 살아온 제게는 역설을 담은 메타포로 이해되곤 합니다. 모든 마지막은 새로운 시작을 여는 문에 불과하다는 생각이 그것입니다. 동양의 고전《노자》에도 비슷한 말이 있습니다. 집을 짓는 일은 마지막에 창과 문을 내고서야 완성된다는 겁니다. 완료는 닫는 것이 아니라 비로소 다시 여는 일입니다. 한 권의 책을 마무리한다는 것은 그제서야 다시 다음 책을 쓸 수 있는 계기가 마련되었다는 뜻이기도 합니다.

이 책은 대학을 근거지로 연구·강의하고 문학평론가로 살던 제가, 어느 날 활동 공간을 대학 바깥세상으로 옮겨 인문운동가이자 교육운동가로 지내 온 지난 10여 년 간의 경험과 생각을 정리하여 쓴 글입니다. 그 10여 년의 시간은 한 개인의 삶에 있어 가장 활동적인 시간일 뿐만 아니라 개인적 삶의 방향 전체를 결정짓는 중요한 시간이었습니다. 연구와 문학적 글쓰기 양면 모두 열정과 재능을 인정받기도 했던 저는 어느 시점에 이르러 다른 삶의 방식을 선택하게 되었습니다. 이것은 대단한 결심이었다기보다는 능동적으로 일을 선택하고 행하는 과정에서 자연스럽게 흘러간 삶의 행로였습니다. 문명의 제도적 관행과 프레임을 미래의 관점에서 바라보고, 미래를 지금 여기로 당겨오기 위한 좀 더 과감하고 창조적이며 공익에 복무하는 일을 해보고 싶었기 때문입니다. 긴 시간을 두고 삶을 정교하게 계획했다기보다는 그 시간의 삶을 성실하게 살면서 갖게 된 그 시점의 절박성이 시간의 흐름대로 이어져 자연스럽게 제 삶의 경로를 선택하게 한 것 같았습니다. 운명을 사랑하라는 니체의 말은 숙명을 받아들이라는 말로 자주 오해되곤 하는데, 실은 정반대입니다. 그 시간의 삶을 온몸으로 느끼고 몸의 진실을 정직하게 살라는 것입니다. 니체가 말한 진정한 속뜻으로서 운명을 사랑했던 것이 제 삶의 경로였던 셈입니다.

특히 이 시간의 경로를 거치면서, 중학교 시절부터 지금에 이르기까지 한국의 학교교육이 지닌 맹목성과 무책임성, 폭력성과 비효율성에 관해 깊은 고통을 느끼고 탄식을 반복해 왔던 저로서는, 이제 새로운 교육 모델의 출현을 위해 움직여야 할 시기가 왔다는 소명의식을 자연스럽게 갖게 되었습니다. 인문학자로서, 문학평론가로서 저의 문제의식은 배움과 삶의 통합과 연결, 그 결과로써의 실천적 삶에 관한 것이었습니다. 앎이 있다면 행하지 않을 수 없고, 앎과 배움의 분열 없는 삶이 곧 행복이라는 소크라테스와 스토아적 삶의 지혜는 오래도록 저를 운동시킨 내적 원동력 중 하나였습니다. 저는 한때 한국에서 가장 많은 시집을 읽고 가장 많은 원고 청탁을 받는 문학평론가로 밤낮없이 살아왔는데, 이 글들의 상당수가 미학적 전위와 문학의 정치성 및 윤리 사이의 통합에 관한 것이었던 까닭도 이 때문이었습니다. 그런 점에서 한국의 교육에 대해 가장 큰 문제라고 생각해 왔던 것은 삶을 배반하는 교육, 실천과 유리된 교육, 세상과 연결이 끊어진 학교, 공동체성을 괄호에 넣는 공교육의 사유화 같은 문제였습니다. 그리고 이런 문제들은 정도의 차이만 있지, 중등교육과 고등교육 간에 본질적인 차이는 없다고 여겨졌습니다. 한국교육의 폐해로 항상 거론되는 입시중심교육이라는 것도 제게는 삶과 배움의 유리라는 측면이 드러나는 한 현상일 뿐이었습니다.

'교육-인문운동가'로서 저는 지금 시대를 과거의 비판철학이나 비판사회과학, 사회운동가, NGO가 하던 체제 '비판'이 아니라, 즉각적으로 다양한 솔루션을 모색하고, 삶에 그 솔루션을 적용하고 실천해야 하는 때라고 보았습니다. 그래서 저를 스스로 언제부턴가 '운동가'가 아니라 러닝디자이너, 학교디자이너, 교육설계자로 규정하기 시작했습니다.

이윤추구를 목적으로 하는 기업조차도 ESGenvironment susta-inable goal 같은 정책을 회피할 수 없는 산업 조건 및 환경 그 자체가 된 상황에서 과연 공교육은 무엇을 어떻게 해야 할까요? 유감스럽지만 한국의 교육은 중·고등교육을 막론하고, 개발도상국 시절의 교육적 관성을 크게 벗어나지 못한 채 입시중심교육에 계속 몰빵하고 있는 실정입니다. 각자도생의 사회적 분위기가 세계적으로 확산되고 있는 '야수자본주의' 흐름 속에서 미래교육의 방향성은 아직도 뚜렷한 사회적 합의점을 찾지 못하고 있으며, 특히 부모가 되지 못한 '학부모'라는 특이한 정체성은 교육 전환의 장애물로 작용하기까지 합니다. 예전의 학교폭력이 학생이 학생을, 교사가 학생에게 행하는 일이었다면, 요즘은 학부모가 교사와 학교에 위해를 가하는 일이 자주 목격되고 사회적 공분의 대상이 되고 있습니다.

한국의 공교육에서 학교의 위상은 이루 말할 수 없이 추락했습니다. 그러나 이러한 현상을 '교권'의 추락이라는 관점에서 보는 것은 여전히 근시안적이고 교사 방어적이며, 위기의 본질을 제대로 보지 못하는 회피적 시각입니다. 교육-학교, 즉 에듀케이션시스템 전체가 창조적 도전에 나서지 못하고 '훌륭한 삶greater good'을 사는 미래로의 운동성을 포기한 채 맞이한 자승자박의 현실적 결과이기 때문입니다. 공적 교육시스템이 사회를 발전시키는 것이 아니라, 오히려 사회갈등과 개인적 고통의 심화 기제로 작동하면서, 두

려움을 조장하여 인간의 자율성을 억압하고, 배타적이고 작은 이익에 함몰되어 공동체, 나아가 지구문명 전체가 공멸을 향해 가는 상황을 아직도 메타인지하지 못하는 모습은 안타깝기 그지 없습니다.

다행인지 불행인지 문명 차원의 엄청난 전환 상황에서 불안을 느낀 전 세계는 '미래교육'과 '미래학교'라는 뜨거운 화두를 갖게 되었고, 이 여파는 어떤 세계사적 흐름에도 아랑곳하지 않고 입시중심교육으로 똘똘 뭉쳐있던 이해관계 카르텔에 균열을 내고 있습니다. 교육시스템 내부에서 등장한 화두가 아니라 성난 물결처럼 문명을 집어삼킬 위기 담론이 본격적으로 유통되기 시작한 결과입니다. 그럼에도 불구하고 공적 가치와 사회적 신뢰가 땅에 떨어진 한국사회에서 공교육은 여전히 관료적이며 계급 재생산과 산업정책의 일부처럼 이해되고 있습니다. 이 결과는 미래교육을 기술주의담론 및 정책으로 이끌어갈 수도 있다는 우려를 낳게 합니다. '스마트교실'을 만들고, 디지털교과서, AI도입, 메타버스적 환경의 구성 등 교육공학적 콘텐츠를 중심으로 정책이 운용되는 것처럼 보이기 때문입니다. 교육정책을 이끌고 교육현장을 끌어나가는 다양한 교육 리더들과 교사들이 알아야 할 것은 그 모든 기술적 수단들은 '달을 가리키는 손가락'일 뿐이라는 지극히 당연한 사실입니다. 이를 깨닫지 못하면 교육시스템은 또 다른 기술프로그램의 복마전이나 그들의 물건을 팔아주는 에이전트로 전락할지도 모릅니다. 교육이라는 명목으로 은폐된 합법적이고 거대한 기업시장이 되는 것입니다.

　또 하나 주목할 만한 점은 오늘날 이른바 ‘미래교육’ ‘미래학교’ 담론과 설계가 전통적인 학교나 교육 연구기관, 전형적인 교육학자들의 ‘이론’에 의해 주도적으로 만들어지고 있지 않다는 사실입니다. 지금 눈에 띄는 미래교육-미래학교의 설계자들이나 혁신가들은 대체로 학문적 카르텔을 지닌 외부의 실천가들이거나 혁신가, 혁신기업가들입니다. 왜냐하면 ‘미래교육-미래학교’의 필요성 자체가 전형적이며 전통적인 시각의 교육-학교에 관한 강력한 문제의식에서 비롯되었고, 사실상 그 체제를 올드시스템으로 판단하고 파산을 선고하고 있기 때문입니다. 여전히 그 시스템은 노동 고용과 문화 및 사회시스템 차원에서 일정 시간 존속할 수밖에 없겠지만, 만일 이대로 계속 ‘방치’된다면 그 시스템이 더 이상 지배적인 지위를 누리기 어려울 것이라는 사실은 누구나 짐작하고 있습니다. 이것은 마치 벌거벗은 임금님처럼, 발설만 하지 않았을 뿐이지 누구나 아는 공공연한 비밀입니다. 기존 에듀케이션, 특히 한국의 입시중심교육에 기초한 중등교육과 거기에 수혜를 입고 기득권을 유지해 온 ‘명문대’ 중심의 대학체제는 제게는 현대에도 여전히 존속하지만 더 이상 창조적 가능성과 영향력을 발휘하지 못하는 오래된 하이쿠나 시조 양식처럼 보일 뿐입니다.

　제가 교육학을 전공한 교육이론가나 교육공학자가 아니라는 사실은 어쩌면 이 책이 지닌 명확한 한계이면서도, 한편으로는 기존 에듀케이션시스템의 지배적이고 전형적인 관점을 넘어서거나 빗겨갈 수 있다는 뚜렷한 장점으로 작용할 수 있을 것입니다. 하지만 이 책에서 저는 올드시스템을 비판하기보다는 전 세계적으로 감지되는 문명사의 뚜렷한 흐름 하에 진행되고 있는 미래교육으로의 전환적 상황을 전달하려고 애썼습니다. 특히 저는 '미래교육'이라는 키워드가 추상적이고 너무나 포괄적이기 때문에, '미래학교'라는 키워드에 집중하여 많은 이들에게 이 개념을 어떻게 이해시킬 것이며, 가장 뚜렷한 특징은 무엇이며, 이를 설계하기 위해서 지금 즉각적으로 필요한 일들이 무엇인가에 대한 영감을 전달하려고 노력했습니다.

이 책은 '미래학교'를 기술적 도구 차원이나 콘텐츠 차원에서 이해하지 않으며, 그 핵심을 '학교를 경영하는 운영 원리 차원'에서 이해한다는 점에 가장 큰 특징이 있습니다. 이는 이 책이 기존의 미래교육 담론과 구별되는 가장 큰 관점의 차이이기도 합니다.『초연결 학교』라는 책 제목과 '세상을 품은 학교의 시대가 온다'라는 부제가 미래학교의 운영 원리를 압축적으로 요약하고 있습니다. 이 과정에서 저는 제가 대학에서만 공부하고 연구했다면 전혀 경험할 수 없었던 여러 종류의 사회적 경험을 짧게라도 소개하고, 그것이 미래교육-미래학교의 차원에서 암시하는 인사이트가 무엇인지를 해석하고 공유하려 합니다. 또한 암시적으로나마 기존 공교육 시스템에서, 또 한국의 공교육에서도 그 현장을 진화시키려는 에너지가 존재하고, 경우에 따라서는 적극적인 움직임이 이미 시작되었다는 현장 분위기를 독자들에게 전달할 수 있으면 좋겠다는 간절한 기대를 품어 봅니다.

이 책의 출판과 관련하여, 오랜 시간 중요한 제 저작마다 특별한 에디터 역할을 해주시고, 또 인생 선배로서도 늘 응원을 아끼지 않으시는 쌤앤파커스-올리의 박숙정 대표님께 우선 깊은 감사 말씀을 드립니다. 책의 취지에 기꺼이 공감하고 신속하게 출판을 결정해 주신 쌤앤파커스의 이원주 대표님께도 더불어 감사드립니다.

흔쾌히 추천사를 써주신 다섯 분의 선생님들께도 깊은 감사 말씀드립니다. 평소 존경하는 지식인이자 작가인 최재천 선생님께 먼저 깊은 감사의 말씀을 드립니다. 우리 사회에서 누구보다 선구적으로 인간중심주의 너머에 대해 깊은 통찰을 보여주시고, 지구의 미래를 고민하지 않으면 인간의 미래도 존재하지 않는다는 선생님의 혜안은 현재 문명과 교육의 각별한 위기 상황에 큰 가이드가 되고 있습니다. 일찌감치 선생님의 애독자가 된 저로서는 선생님의 사유와 활동을 제가 만들고 싶은 미래학교의 교과과정으로 여기고, '초연결 학교'가 실제 세상에 세워지는 디딤돌로 삼겠습니다. 지난 수년간 깊은 지적 대화 상대이자 인생의 좋은 친구로서, 또 교육영역에 있어 탁월한 학문적 조언자이자 국제적 리더인 한양대학교 사범대의 조병영 교수님께 감사드립니다. 피츠버그대학의 연구실로 조병영 교수님을 찾아갔던 그 시절이 지금까지 한국의 인연으로 이어지고 있음을 귀하게 여기며 우리의 우정을 매우 특별하게 생각합니다. 교육의 공적 봉사에 관해 국제적으로 중요한 실천 모델이자 교육혁신에 있어 전 세계 교육계에 남다른 인사이트를 제공해 오시며, 제 주요 저서의 공동저자이자 대화자였던 폴김 스탠퍼드대 교육대학원 부학장님께도 감사 말씀을 드립니다. 이 책의 시작점에는 어쩌면 캘리포니아의 사막에서 진행했던 폴김 교수님과의 오래전 대화가 있었을 지도 모릅니다. 폴김 교수님과 함께 열어갈 '다음의 문'이 어디로 열려 있을지 무척 기대됩니다. 사랑이 넘치는 영성가이자 사회운동가, 영감 가득한 종교학자이자 작가이며 대화가 필요한 이들의 멘토인 유니온신학대학원 현경 교수님께 존경과 사랑의 마음을 전합니다. 현경 교수님은 제게 교육이 이론이기 전에 사랑이며, 배움이 넘치는 기쁨과 돌봄의 행위라는 사실을 일깨워주셨습니다. 또 배움이 자연과 동떨어진 문명의 인공 행위가 아니라는 사실을 몸소 깨우쳐주셨습니다. 마지막으로 인천광역시교육청 도성훈 교육감님께 특별한 존경의 마음을 표합니다. 평교사로 시작하여 대한민국 광역시의 교육감이 된 도성훈 교육감님의 교육적 여정은 큰 강의 원천이 되는 작은 시내가 얼마나 소중한가를 보여주며, 모든 사람이 발 딛고 있는 나날의 경험이 큰 배움의 현장임을 일깨웁니다. 아들과의 걷기에서 시작한 삶을 '읽걷쓰' 교육을 통한 교육대전환 정책으로 연결하여 펼치고 계심을 응원하며, 그 걸음에 제가 동참하고 있음을 기쁘게 생각합니다.

0교시 글을 쓰기 불과 며칠 전에 평소 존경하고 신뢰하는 문학적 동료이자 선배 작가인 한강 선생님의 노벨문학상 수상 소식이 전해졌습니다. 이후 그의 문학적 성취를 알아보는 세인들이 많아졌지만, 오랫동안 그의 문학적 여정을 지켜보고 응원해 왔던 저로서는, 그의 수상 소식에 감회가 남다릅니다. 무엇보다도 작가의 여정이 책상 위에 자기를 스스로 가두는 수도사 적 노고의 결과이면서도, 그 책상의 작업노트가 세상의 가장 낮고 아프고 뜨거운 자리와 지속적인 연결을 실천한 문학적 제의라는 사실을 환기하고 싶습니다. 그의 작업은 기록이기 전에 기억의 산물입니다. AI도 메타버스도 할 수 없는 진정한 휴머니즘적 연결을 보여주는 이 잠들 수 없는 기억의 성취는, '미래학교'가 어떤 원리를 바탕으로 무엇을 향해 가는 배움의 여정인지에 대한 강렬한 시적 영감을 제공합니다. 한강 선생님께 축하의 말씀과 더불어, 문학으로 훈련받은 저의 책에도 보이지 않는 영감과 마음의 격려가 되었다는 사실을 밝혀 전해드립니다.

함돈균

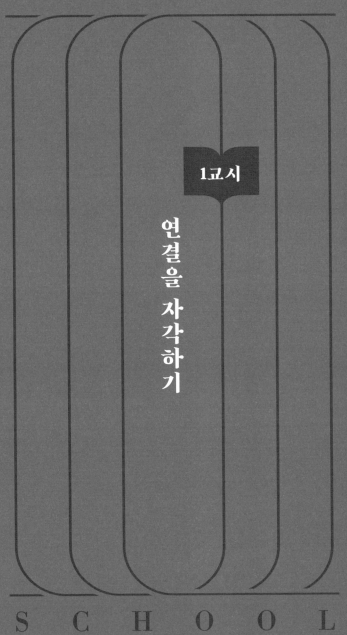

HYPER-CONNECTED

1교시

연결을 자각하기

SCHOOL

001

우산과 물컵,
수술대 위의 재봉틀과 우산

_ 이상한 연결과 창조성

📖 우산은 외롭지 않다

한 편의 그림으로 이야기를 시작해 볼까 합니다. 여기 그림이 하나 있습니다. 르네 마그리트의 아주 유명한 그림이죠. 정중앙에는 우산이 있고, 우산 지붕 위에 물컵이 올려져 있는 그림입니다. 그러나 관람객들은 반세기가 훨씬 지나도록 이 그림과 친해지지 못했습니다. 이 그림을 마주한 대부분의 사람들은 그림과 화가에게 불편함을 느꼈죠. 그림이 관객에게 무엇을 말하려고 하는지 친절하게 설명해주지 않는다고 여겼기 때문입니다. 혹시 처음 이 그림과 만나는 사람이 있다면 여러분에게 이 그림은 어떤 인상을 주나요? 역시 이상하다고 생각하는 분들이 많을 것입니다. '이상異常'이란 한자 풀이 그대로 '항상 그러하던 것과는 다르다'는 말이죠. 매일매일 우리가 관찰하고 경험했던 일상 속 풍경과는 뭔가 다른 풍경이라는 거죠. 그렇다면 이 그림의 어떤 부분이 구체적으로 우리의 경험적 일상과 다르다고 여겨지나요?

사실 우산도 이상하지 않고 물컵도 이상하지 않습니다. 우산을 사용해 보지 않은 사람은 없을 테고, 물컵을 사용해 보지 않은 사람도 없을 테니 말입니다. 오히려 그림의 사물들은 지나치게 우리 곁에 가까이 있어서 새로운 것이라고는 찾아볼 수 없는 진부한 일용품들이죠. 그런데 익숙하기 그지없는 이 물건들이 우리를 어리둥절하게 만드는 마법이 어떻게 일어난 것일까요? 이 마법의 비밀은 의외로 너무 간단합니다. 우산 위에 물컵을 그냥 올려놓기만 하면 되니까요.

익숙한 것이 낯선 것이 되는 매직은 두 사물이 '연결'되는 순간 발생합니다. 하지만 예술적으로 의미 있는 연결이 일어나기 위해서는 두 가지 조건이 필요합니다. 하나는 드러난 조건이고 또 하나는 해석이 필요한 조건입니다. 우선 드러난 조건은 직관적으로 보기에 둘 간의 연결성이 없어 보여야 한다는 것입니다. 다시 말해서 두 사물 간의 논리적 연결성이 없어 보일수록 예술의 극적 효과는 커집니다. 논리적 연결성이 없다는 말을 우리는 '비논리적'이라고 말합니다. 어떤 경우 비논리성은 극단적이기까지 해서 논리가 서로를 공격하는 상충성을 만들기도 하는데, 이를 모순矛盾이라고 말합니다. '모순'은 중국 춘추전국시대 초나라의 무기 파는 장사꾼에 얽힌 널리 알려진 이야기죠. 한 손에 방패를 든 장사꾼은 이 방패로는 어떤 창이라도 막을 수 있다고 말합니다. 이어서 다른 손에 창을 들고서 이 창으로는 어떤 방패도 막을 수 있다고도 말합니다. 동시에 공존할 수 없는 두 사물에 관한 이야기를 이 장사꾼은 천연덕스럽게 연달아 이야기하고 있죠.

우리가 공부했던 대부분의 학교에서는 이런 이야기를 '잘못된 논리', 즉 논리적 오류에 관한 부정적 예시로 가르쳐왔습니다. 당연히 학생들은 이런 비논리적 상황을 '틀린 것'이라고 자동적으로 암기합니다. 그러나 르네 마그리트는 일생동안 매우 일관되게 오히려 이러한 비논리적 상황을 철학적으로 탐구하고 시각적 퍼포먼스로 구현하는 일에 집중했습니다. 그는 되려 우리가 익숙하게 보아온 대로의 '논리적' 세계야말로 있는 그대로의 세계가 아니라고 생각했습니다. 사람들이 말하는 논리적 의미나 상식이라는 것이 사물의 실제 모습에 기초해 있기보다는, 사람들이 심리적으로 편안해지기 위해 안전하게 매달리는 가상인 경우가 많다고 여겼던 것이지요. 그는 생각의 되새김질 없이 보자마자 판단하는 사고의 자동성이 인식의 오류를 만든다고 생각했어요. 그래서 사물의 익숙한 연결성을 깨뜨리는 판단중지 훈련이야말로 예술의 일차적인 목적이며, 심지어는 이 방법이 우리가 행해야 할 예술교육의 가장 중요한 방법론이라고까지 여겼습니다. 그가 생각하기에 교육은 있는 그대로의 세계, 즉 진리에 다가가는 일을 돕는 일이기 때문입니다. 이렇게 익숙한 풍경의 표면 뒤에 숨은 진리를 인식하게 하려면 사물들의 숨은 연관성을 찾아내어 이를 예술적으로 표현할 필요가 있다고 생각했습니다. 이 보이지 않는 필연성의 탐구가 예술적 유의미성을 만드는 연결의 두 번째 조건입니다.

📖 철학자 헤겔은 바다로 여름휴가를 가도 좋다

마그리트가 이 그림에 붙인 유머러스한 제목은 이 두 가지 예술적 연결의 의미를 잘 확인시켜주고 있습니다. 그는 이 그림에 '헤겔의 휴가Hegel's holiday'라는 제목을 붙였습니다. 세계철학사에서 '헤겔Hegel'은 근대 서양철학을 완성한 특별한 철학자로 평가되는 인물입니다. 그는 이 그림에 왜 이런 제목을 붙였을까요? 작가가 직접 자기 작품에 대해 자세한 설명을 하는 경우는 드물기 때문에 이 지점은 해석의 영역으로 남습니다. 그러나 마그리트 작업의 일관성을 고려해 볼 때 해석이 어렵다고 여겨지지는 않습니다. 무엇보다도 주목할 점은 이 그림이 두 사물 간의 비논리적 연결을 주제로 삼고 있다는 사실입니다. 더욱이 이 사물들은 극단적인 논리적 상충성을 보여주기까지 합니다. 우산은 비, 즉 물을 방어하며, 컵은 반대로 물을 담는 수용성을 보여줍니다. 관객들이 이 그림을 보자마자 이상하다고 여기는 이유는 우산과 컵이 동시에 같이 배치되는 일상 풍경을 자주 보지 못했기 때문인데, 게다가 사람들이 눈치채지 못하게 화가는 그림 속의 사물들을 정반대의 속성을 지닌 사물들로까지 배치해 놓았던 것입니다. 역설적으로 말해서 이 두 사물들의 밀접한 배치는 계획적일 만큼 '모순적 연결성'을 지니고 있다고 할 수 있습니다. 두 사물들 모두 물을 매개로 배척과 수용이라는 상황적 모순을 정확하게 보여주기 때문입니다. 중국의 옛이야기로 치면 '모순'에 해당하는 방패와 창이 바로 우산과 컵에 해당하는 것이죠. 이제 이 사물들 사이의 낯선 연결성이 조금 보이시나요?

헤겔은 철학사에서 '모순의 철학자'라고 불리는 유명한 철학자입니다. 그는 이 세계가 진화할 수 있는 까닭은 상호 모순이라고 할 수 있을 만큼 대립적인 관계에 놓인 대상들끼리 긴장 관계 속에서 싸우기 때문이라고 설명합니다. 그에 따르면 세계에는 자연 세계든 인간 세계든 간에 양립하기 어려운 것처럼 보이는 대립적 속성을 지닌 대상들이 항상 존재하고, 그 대립적 속성으로 인해서 대상들끼리 서로를 부정하는 듯이 보입니다. 그러나 이 긴장과 대립은 장기적으로 볼 때 꼭 나쁜 것만은 아닙니다. 그 긴장 과정을 거치면서 두 대상은 상대의 어떤 면을 수용하거나 자기의 정체성 일부를 발전적으로 부정하고 확장하는 방식으로 다른 대상과 자기를 종합하면서, 마침내 더 큰 존재로 진화하기 때문입니다. 헤겔에 따르면 이러한 발전의 과정은 정신과 사물, 역사를 모두 포괄하는 진화의 보편적 운동 양상입니다.

이야기가 조금 어려운가요? 일단 여기까지 이야기하고 다시 마그리트의 그림으로 돌아와보죠. 화가 마그리트는 아마도 자기가 그린 우산 위에 놓인 물컵 그림을 헤겔이 본다면 그는 어려운 이야기로 자기 철학을 강의하지 않고 휴식을 취해도 될 것이라고 여긴 것이 아닐까 싶습니다. 마그리트는 언뜻 보면 엉뚱해 보이는 비논리적 사물들도 자세히 보면 사물들 간의 연결성을 찾을 수 있다고 믿었습니다. 서로를 부정하는 것처럼 보이는 배타적 사물들 간의 연결성을 탐색하는 과정은 일단 사람들을 어리둥절하게 하고 당황하게 만듭니다. 하지만 그는 이런 방식으로 진행되는 예술 작업이야말로 일상의 익숙함을 넘어 실재에 부합하는 '진짜 논리'를 발견해가는 '진리놀이'라고 확신했습니다. 이러한 예술적 진리놀이를 통해 사람들의 자동화 된 사고를 중지시키고, 숨어있는 더 큰 논리적 연결성을 설득하기 위해 사물들 간의 필연성을 발견하고 표현하는 것이 예술가의 창조성이라고 여긴 겁니다.

🔲 필연적 연결을 창조하는 진리놀이

미술사가 수지 개블릭은 '진리놀이'에 집중한 르네 마그리트의 예술적 전략을 다음과 같이 요약합니다.수지 개블릭, 2000[1] 사물을 엉뚱한 맥락으로 옮겨놓고 시치미를 떼는 '고립isolation', 사물의 일반적 속성을 바꾸어 놓는 '변형modification', 논리적 연관성이 없어 보이는 두 종류 이상의 사물의 속성이나 이미지를 섞어버리는 '잡종화hybridization', 논리적 연관성이 먼 사물들을 느닷없이 함께 배치하는 '우연한 만남accidental encounter', 사물의 크기를 변형시키는 '크기 변경change in scale', 한 사물에 다른 사물의 모양을 겹쳐놓는 '이중 이미지double image', 모순된 사물을 병치하는 '역설paradox', 개념을 뒤집는 '반전conceptual polarity'으로요.

대체로 마그리트의 이러한 방법은 사물들의 배치, 즉 사물과 사물, 사물과 맥락 사이의 '연결'에 대한 관념을 전복시키는 예술 전략이었다고 말할 수 있습니다. 고립과 변형조차 새로운 배치와 연결을 위한 준비 단계 전략이라고 할 수 있으니까요. 그런데 마그리트의 이런 방법론과 깊은 연관성을 지닌 예술운동이 있었습니다. 바로 1924년 시인 앙드레 브르통에 의해 발표된 '초현실주의 선언' 이 그것입니다. 초현실주의surrealism는 우리가 경험적으로 지각하는 세계 이면에 '진짜 현실'이 있다고 여기고, 표면적 논리 훈련을 넘어서 자유롭고 유연한 태도로 마음의 바닥, 의식하지 못하는 정신의 그림자에까지 지적·감각적 탐구를 수행했던 첨단의 예술운동이었죠. 그 초현실주의 선언의 가장 유명한 구절 중에도 사물들의 배치-연결에 관한 것이 있습니다. 19세기 시인 로트레아몽이 쓴 시구인 '수술대 위에서 우연히 만난 재봉틀과 우산의 아름다움'에 관한 예찬이 그것입니다.

수술대와 재봉틀과 우산은 각각 그 자체로는 낯선 사물들이 아닙니다. 그러나 시인은 그것을 한 자리에 배치해 놓는 것만으로도 낯선 풍경을 창조해냅니다. 이 역시 자주 볼 수 있는 배치가 아니기 때문입니다. 수술대 위에는 수술에 필요한 사물들이 있어야겠죠. 예를 들어 수술용 가위나 메스, 솜, 소독약 같은 거 말입니다. 재봉틀과 우산은 이런 일상적 쓸모의 연결성을 갖지 않습니다. 그러나 시인들과 예술가들은 이런 '우연한 만남' 뒤의 특별한 연결성에 대한 탐구야말로 진실에 대한 탐구이며, 게다가 인간의 미래는 이러한 탐구의 창조성 속에서 만들어지리라고 확신했습니다. 실제로 이 '사물들의 무의식'으로 들어가면 더 깊은 연결성을 찾게 됩니다. 수술대나 재봉틀이나 우산이나 모두 '실'을 사용합니다. 수술대에서

의사는 환자의 상처 부위를 실로 봉합하고, 재봉틀로 옷을 만들 때도 실을 사용합니다. 우산에도 우산살을 엮는 데에 실이 쓰이죠. 이 실의 궁극적 용도는 모두 사람을 보호하는 것입니다. 이 우연한 배치 뒤에는 보이지 않는 필연적 연결이 있습니다. 물론 이러한 해석이 가능하건 말건, 초현실주의자들은 아랑곳하지 않았습니다. 그들은 오늘날 예술가들의 영감이 일상인들에게는 낯설지 몰라도 30여 년 후 즈음에는 학자들의 연구과제가 되고, 50여 년 후 즈음에는 문명인들의 일상이 될 것이라고 믿었습니다. 숨은 연결성이 미래에는 필연적 현실이 될 것이라고 확신했죠. 그리고 이제 우리는 예술가적 영감을 지닌 '연결성'이 그 어느 시대보다 문명인의 일상이 된 세상을 살고 있습니다.

002

보르헤스의 도서관은 무한하다

_ 20세기 논리 교육과 21세기 사물 환경

1교시 ○ 연결을 차단하기

🔖 하나의 답이 있는 사물 알고리즘

제가 어렸을 때 접해본 학습지 중에 이런 문제를 만났던 기억이 납니다. 왼쪽에는 안경, 신발, 전화기, 립스틱, 벨트 등의 사물이 나열되어 있고, 맞은 편인 오른쪽에는 귀, 허리, 눈, 발, 입술 등 몸의 부위들이 나열되어 있습니다. 그리고 질문은 왼쪽의 물건들을 오른쪽의 신체 부위에 연결시키라는 것이었죠. 사물에 관한 개념과 쓸모에 대해 아직 충분한 인지가 이루어지지 않았던 어린 시절에 사물과 쓸모의 대응 관계를 이해시키기 위한 전형적인 교육 방법이었습니다. '답'은 다음과 같았습니다. 안경은 눈으로, 신발은 발로, 전화기는 귀로, 엄마가 바르시던 립스틱은 입술로, 벨트는 허리로 선을 그어 연결시키면 되는 것이었죠. 도구들은 특정한 쓸모를 가지고 만들어졌고, 그 쓸모는 대체로 정확히 한 방향이나 방법을 지시하고 있었습니다. 하나의 도구는 특정한 하나의 신체 부위와 연결되었죠.

그러나 지금 이와 같은 문제가 출제된다면 선긋기는 조금 달라질 수 있을 겁니다. 무엇보다도 전화기와 같은 사물은 더 이상 귀로만 연결할 수 없는 사물이 되었습니다. 최근에 나온 통신기기 사용 방식에 관한 통계조사를 살펴보면 스마트폰이 전화기의 대세가 된 상황에서 전화기의 사용률은 통화보다 문자SNS 메시지의 비율이 더 많아지고, 스마트폰을 컴퓨터로 인식하는 이들이 더 많아지고 있습니다. 일상에서 스마트폰은 전화를 거는 시간보다 사물을 촬영하는 사진기의 역할로 더 많이 활용됩니다. 스마트폰의 연결선은 귀뿐만 아니라 손가락이나 눈으로 연결되는 경우가 더 일상적이라는 말이죠. 오늘날 많은 이들에게 스마트폰은 쇼핑몰의 입구이거나 인스타나 페이스북의 게시창이거나 금융거래를 위한 은행창구입니다.

어린 시절의 선 긋기 개념 학습은 사물, 특히 도구와 세계와의 대응 관계에 있어 대체로 세 가지 개념적 알고리즘을 전제하고 있었습니다.

첫째, 하나의 사물-도구는 거기에 대응하는 '하나의' 뚜렷한 쓸모나 세계를 지시하고 있다는 생각입니다. 우리가 전화기를 떠올리면 귀로 즉각 연결되는 자동적 반응 인식이 그러한 예입니다.

둘째, 사물들 또는 개념들의 연관으로 이루어진 세계는 그 사물과 사물, 개념과 개념 사이에 비교적 뚜렷한 논리적 배치 관계를 가지고 있다는 생각입니다. 그래서 하나의 도구 옆에는 근친성을 지니는 또 다른 도구가 놓여 있고, 어떤 개념이나 단어 옆에는 그 개넘과 긴밀한 연관성을 맺고 있다고 여겨지는 또 다른 개념이나 단어가 놓여 있습니다. A 옆에는 B가, B 옆에는 C가, C 옆에는 D가 있으며, 이런 통상적이고 근친적 개념 연결을 '논리적'이라고 합니다. 예를 들어 손이 연필을 쥐고 있으면, 그 연필은 공책 위에 있으며, 공책은 책상 위에 놓여 있고, 책상 아래는 의자가 놓여 있으며, 공책과 책상과 의자가 함께 놓여 있는 공간은 서재나 교실이나 도서관이라고 생각하는 쓸모-연관성에 관한 생각이 그러한 예입니다. 이는 앞장에서 본 마그리트의 그림에서 우산과 컵, 초현실주의자 시인의 문구였던 '수술대 위의 재봉틀과 우산'이 사람들을 어리둥절하게 만들었던 이유이기도 합니다.

셋째, 이러한 선 긋기는 사물과 개념들로 구성된 세계가 분명한 대응 관계를 지니고 있기에 어떤 '답'이 이미 '존재'한다고 여기는 사고 경향을 보여줍니다. 문제에 대한 '답'이란 하나의 명제에 가장 가까이 대응하는 '하나의' 결과를 뜻하기에, 습관적 학습훈련을 통해 사물과 관념 사이의 일치와 대응이 존재한다고 배워온 학습경험은 우리들에게 세상에 '답'이 언제나 존재한다고 여기게 만드는 것입니다.

▓ 정답은 존재하지 않으며 무한한 연결은 가능하다

    사실 이런 논리성에 관한 알고리즘은 사물과 관념, 세계 사이에 어떤 뚜렷한 연관성이 있고 그에 관한 답이 존재한다고 여긴다는 점에서 진리의 탐구 자체를 학문적 주제로 삼고 있는 철학적 인식론의 문제이기도 합니다. 이미 근대철학에서는 이 '정답'의 문제에 관한 치열한 토론이 시작된 지 오래되었고, 어느 정도 그에 관한 의견 일치가 이루어지기도 하였습니다.

    18세기 영국의 경험론자 흄은 사물과 사건의 인과관계에 대한 판단력이 습관적인 감각인상 같은 익숙한 자극들에 대해 이루어지는 자동 반응인 경우가 대부분이고, 치밀하게 따져보면 사물과 관념 사이의 대응 관계, 더욱이 일대일 대응 관계라는 인지 착오가 많다고 보았습니다. 이미 서양철학의 기원에 해당하는 기원전 5세기경 소피스트 고르기아스는 진리에 관한 유명한 회의적 물음을 다음과 같이 완성한 바 있습니다. 진리정답는 있는가?, 진리가 있다고 해도 그것을 어떻게 알 수 있는가?, 진리를 안다고 해도 그것을 어떻게 정확하게 표현전달할 수 있는가?

현대철학의 효시이며 철학의 끝판왕이라고 할 수 있는 19세기의 전투적 사상가 니체는 '진리정답란 실용적 이유에 의해서 만들어진 힘의 일종'이라고 했습니다. 비교적 최근까지 활동했던 영향력 있는 프랑스 현대철학자 미셸 푸코는 처음에는 지식이란 말과 사물, 즉 사물에 대한 관념을 연결 짓는 한 시대의 특유한 집단적 습관 체계라고 생각하다가, 니체의 생각을 깊숙이 받아들이게 된 후에는 우리가 알고 있는 지식, 특히 규정된 정답의 체계들은 인간 통제를 위해 문명적 사고로 만들어진 교묘하고 비가시적인 권력 장치라고까지 말했습니다. 우리가 사물과 개념 사이 확실하게 존재한다고 생각하는 많은 것들에 오히려 의심스러운 게 많다는 얘기입니다.

다시 '연결'의 문제로 돌아오면, 연결은 이제 단순한 선 긋기 논리를 넘어 더 포괄적이고 종합적인 삶의 문제로 다가와 있다는 것을 강조하고 싶습니다. 이는 스마트폰 같은 21세기 테크놀로지의 출현 때문에 생기는 문제가 아니라 근본적으로 삶 자체가 나눌 수 없는 포괄적 연결성을 지니고 있기 때문입니다. 이 연결이 얼마나 집요하고 끝없이 계속되는지 매우 심오하고 신비롭기까지 한 사유를 우화로 보여준 사람이 있습니다. 아르헨티나의 위대한 작가 호르헤 루이스 보르헤스입니다.

그의 유명한 소설 『바벨의 도서관』의 주제는 바로 세계의 무한한 연결성에 관한 것입니다. 무한한 연결이란 끊어지지 않는다는 말이죠. 보르헤스가 우리에게 소개해 준 이 도서관은 육각형의 방으로 이루어진 거대하고 무한한 구조로 되어 있습니다. 각 방에는 책들로 가득 채워진 선반이 있고, 모든 방들은 복도를 통해 다른 방과 연결되어 있는데, 그 연결이 각 방마다 끝이 없이 무한한 미로를 이룹니다. 책장을 펼치면 각 책장은 무수한 책장으로 다시 나뉘고, 책들은 문자, 공백, 구두점, 쉼표의 무작위 조합으로 무수한 문장을 만들어내고, 각 글자는 또 다른 글자를 지시하고 있으며, 말들은 서로를 비추어 무한한 의미 사슬을 이루는 문장의 다발, 책들의 네트워크를 형성합니다. 이 도서관은 글자로 이루어진, 즉 의미로 이루어진 세계의 비유입니다. 무한한 문자 조합의 가능성은 지금까지 쓰인 모든 의미이자 앞으로 쓰여 질 모든 의미의 가능성, 그러므로 정보와 지식, 아이디어, 관점, 진리, 심지어는 거짓의 무한성을 뜻합니다. 이 무한성은 글자들의 상호연결성이 만든 결과입니다. 이 연결성 자체가 참된 의미의 조합을 뜻하는 것은 아니기에, 도서관의 이용자들은 참된 의미의 연결성이 담긴 '완전한 책'을 찾으려고 노력합니다.[2] 보이지 않는 의미, 무한한 의미의 가능성 속에서 유한한 참된 의미, 즉 진리'를 찾으려고 독자들은 분투합니다.

바벨의 도서관은 이 세계가 정보 조합-연결을 통한 무수한 의미의 연결체라는 사실을 비유적으로 보여줍니다. 오늘날의 관점에서 보면 바벨의 도서관에서 사람들이 찾으려는 '완전한 책'은 인터넷 같기도 하고, 도서관 자체가 모든 것이 연결되는 초연결 사회에 대한 선구적 메타포로 보이기도 합니다. 그러나 이 도서관은 정보 테크놀로지의 발달과는 무관하게 세계 자체가 의미의 구성물임을 보여줍니다. 진리만큼의 거짓이나 의미만큼의 무의미도 무한할 수 있으며, 정보의 다원성이나 정보의 연결 자체가 그 자체로 의미의 필연성을 뜻하지 않는다는 사실을 암시한다는 점에서 이 도서관은 값진 사유를 보여줍니다.

또 의미란 스스로 존재한다기보다 정보의 연결을 통해 무한히 '구성'되는 것이라는 점도 암시됩니다. 무엇보다도 바벨의 도서관은 20세기 교육이 가르쳐 온 논리 알고리즘의 빈곤함과 협소함을 근사한 문학적 우화를 통해 신비롭게 폭파합니다. '의미-논리'는 제한되기보다는 세계를 어떻게 보는가, 말과 사물들의 의미를 연결할 수 있는 눈을 가지고 있는가의 유무에 따라서 무한히 확장되고 창조될 수 있습니다. 요즘 언급되는 교육이론의 관점으로 바벨의 도서관을 해석하면 그것은 리터러시로 구축된 세계 자체라고 할 수 있습니다. 보통 리터러시는 '문해력'이라는 단어로 번역되지만, 본래 리터러시는 특정 목적이나 독자 정체성의 확보를 위해 운영되는 정보의 선택과 수용, 의미를 구성하는 읽기-쓰기의 계기와 전략 등 광범위하게 이해됩니다. 독자가 정보와 정보를 연결함으로써 정보의 필연성을 구성하고, 그것이 의미가 된다는 점에서 읽는 사람은 의미의 능동적 주체가 되며, 의미의 실천자가 되는 것입니다.

▨ 탁월한 건축가도 도시를 혼자 분석할 수는 없다

바벨의 도서관에 비할 바는 아니지만 세계-삶의 대단한 복잡성, 의미의 연결성에 관해 저를 각성시켰던 프로젝트가 하나 떠오릅니다. 저는 몇 년 전에 서울특별시의 미래 전략을 짜는 연구에 특별자문 역으로 참여한 적이 있습니다.[3] 이 프로젝트는 대한민국의 수도인 '미래 서울'이 지속가능한 성장을 위해 어떤 전략을 취해야 하는지에 관한 포괄적 패러다임과 방향성, 관점을 제공하는 기초정책연구였습니다. 이 작업은 이 분야에 탁월한 안목을 지닌 한국 건축가와 스페인 건축가의 연구책임 하에 협력적으로 진행된 국제적인 정책연구 프로젝트였지만, 근본적으로 건축가의 전문성만으로는 수행될 수 없는 난위도가 높은 복합적 요소를 지니고 있었습니다. 왜냐하면 도시라는 것 자체가 현대의 공동체적인 삶의 총체성을 담고 있는 공간이자 운동체이기 때문입니다. '미래 서울'을 디자인하기 위해서는 인구 감소, 고령화, 교통수단의 변화, 원거리 커뮤니케이션, 지리적 통합, 사회문화적 지역 통합, 일상생활의 기술적 진보,

도시문화의 물리적 변화, 정보교환 방식의 혁명성, 부동산 지가 변동, 직업적 지속 및 전환에 대한 예측, 운송수단 및 에너지원의 변동 상황 등 셀 수 없이 많은 요소들을 함께 고려해야 했고, 이와 관련하여 각종 사회·경제·문화적 데이터, 메시지, 관계성, 사회적 수요, 변화양상 및 추세, 상호작용 등 다층적이고 총체적인 관점과 분석 방식이 요구되었습니다. 도시를 설계하고 분석한다고 할 때 그 범주는 건축학적 범주로만 한정지을 수 없는 포괄적 연결성을 지닌 문제였던 것입니다. 저와 같은 인문학자가 이 작업에 소환되어 참여하게 된 것도 바로 이런 이유 때문이지만, 인문적 요소들은 어떤 특정 영역으로 규정되고 나뉠 수 없도록 서로 긴밀히 연결되어 있으므로 '인문학'이라는 말을 이해하기에는 다소 애매한 부분이 있을 수 있습니다.

이 작업을 진행하면서 저는 뉴욕, 런던, 브뤼셀, 파리, 바르셀로나, 도쿄, 제노바, 밀라노, 로마 등 11개의 세계적인 도시 발전전략 또는 미래 전략을 스터디 할 수 있었고, 그 도시들이 다음과 같은 관점에 초점을 맞추어 전략을 운영해 왔다는 사실을 알 수 있었습니다. 1.도시와 자연환경의 회복urban renaturalisation 2.유용한 공공공간active public space 3.통합기반시설connective integrated infrastructures 4.환경관리enviromental management 5.도시 재활용urban re-cycle 6.살아있는 복합도시living mixicities 7.회복탄력성resilient adaptability 8.새로운 수변 지역new waterfronts 9.관광, 여가, 매력적인 도시tourism, leisure & city attractors 10.문화유산과 혁신 heritage & innovation입니다.

우리 연구팀은 이를 기초로 '시민도시 서울 열 가지 패러다임'을 도출할 수 있었습니다. 이 패러다임에는 복합성, 조화, 생태, 다원성, 교차성, 생명권, 공존, 지속가능성, 삶의 질, 정체성, 연속성, 기억, 효율성, 공공성, 자생력, 안정성, 포용력, 거주성, 시대정신 등 실로 다양하고 복합적인 가치들이 그 기준 지표로 깔려 있습니다. 이 가치들은 대체로 일관성을 지닌 것처럼 보이지만, 구체적으로 펼쳐 놓고 보면 요소들 간에 부딪히는 측면도 많습니다. 보르헤스적으로 말하면 삶의 공간으로서 도시 역시 '바벨의 도서관'이었습니다. 정보와 의미들이 끝없이 이어지고, 의미의 영토들은 또다시 겹치고 다른 생각거리들을 지시하고 있어서 부분적으로 임의로 절단할 수 없는 것이었습니다. 그러나 의식하지 못할 때, 이 의미들은 드러나지도 않고 무질서 하게 보여서 우연한 것들의 조우들처럼 보입니다. 마치 수술대 위에 우산과 재봉틀이 놓여 있듯이 말입니다.

여러분은 이 도시 프로젝트가 건축가의 일로 느껴지시나요? 제가 이 작업의 내용을 자세히 소개하는 이유는 우리의 삶이 얼마나 복합적이고 복잡한 연결성을 지니는지 이 프로젝트가 간명하게 잘 보여주고 있기 때문입니다. 삶을 프로젝트화한다는 것은 보이지 않는 연결성을 관찰하고 분석하고 해석할 수 있는 힘이 없다면 제대로 이루어지기 어려운 문제입니다. 게다가 삶의 문제는 수학적 논리를 넘어 사람들 간의 이해관계와 의지, 욕망, 관점이 충돌하는 갈등 요소를 내포하고 있습니다. 연결을 관찰하고 분석하고 디자인한다는 것은 '매끈한 연결'만이 아니라 상호충돌하는 '상충된 연결'의 '모순'을 파악하고 조정한다는 것을 뜻하기도 합니다. 그런데 지금 우리의 교육은 이러한 복잡한 연결성을 잘 볼 수 있는 방식으로 이루어지고 있을까요? 학생뿐만 아니라 교사와 교수 역시 이런 능력을 가지고 있을까요? 아마 그들도 이 능력을 습득할 수 있게끔 학습해 본 적이 없고 그들이 다녔던 학교도 이런 능력을 가르쳐주지 않았을 것입니다.

이와 관련하여 'OECD 학습나침반'OECD.2019이 미래교육에 있어 필요한 학습자의 행위주체성student agency을 '변혁적 역량 transformative competencies'이라고 규정하고, 이를 새로운 가치 만들기, 긴장과 딜레마 해소하기, 책임감 가지기 등으로 제시하고 있다는 사실을 소개합니다.

이때 제시한 '긴장과 딜레마 해소하기'는 매우 인상적입니다. OECD 학습나침반은 이를 상호모순되는 아이디어나 논리 및 입장 사이의 연관성 및 상호연결관계를 고려하고, 장기적 관점에서 행동의 결과에 대해서도 고려하고 있습니다. 이 과정에서 학습자는 서로 상반되는 입장에 대해 충분히 이해할 수 있고, 자신의 입장을 대변함으로써 긴장과 딜레마를 해소할 수 있는 실용적 방안을 도출할 수 있다고 설명합니다. 이를 위해 학습자는 복합성과 모호함에

익숙해져야 하고, 이는 공감능력과 존중에 기반해야 함을 설명하고 있습니다.[4] 모순을 파악하고, 견디고, 해소하는 능력을 미래교육의 학습자 주체성의 핵심 요소로 지목하고 있는 것입니다.

003

어린 왕자가 만난 지리학자

_ 교실의 가상성과 소외된 앎

📖 내가 다닌 학교는 삶을 가르쳐주지 않았다

이 책에서 다루는 '연결'의 문제는 앎과 실천, 배움과 삶, 그리고 학교라는 장을 세상과 연결시키고자 하는 기본 방향과 관점, 태도입니다. 위기와 변화의 전환문명시대에 전 인류적 관심사가 되고있는 '미래학교'의 가장 중요한 방향과 흐름을 '연결'이라 보고 '초연결 학교'라는 개념으로 풀어내고자 합니다.

'초연결 학교'는 인문과 기술, 인문과 예술, 정신과 물질, 배움과 삶, 교실과 공동체, 학교와 사회, 학교와 일터, 로컬리티와 국제적인 것을 긴밀하게 연결시켜 보려고 했던 몇 가지 실험들과 전 세계에서 이루어지고 있는 눈여겨 볼만한 교육적 도전 사례를 분석한 후, 그것에 관한 제 생각을 기반으로 제안된 학교 개념입니다. 아쉽게도 한국에서는 이 흐름을 적극적으로 의식하지 못하고 있으나 이미 전 세계에서는 전방위적으로 시작되었습니다.

대한민국의 입시 교육과정을 겪었던 제가 가장 강력하게 지니게 된 문제의식 하나를 말씀드리고자 합니다. 제가 다니던 중고등학교는 당시 그 지역에서는 소위 '입시명문'으로 분류되는 학교였는데, 그럼에도 불구하고 학교 수업을 들으면서 가졌던 생각은 '대체이 공부가 좋은 삶을 살아가는 데에 무슨 관련이 있는 거지?' '이 수업이 좋은 세상을 만드는 데에 어떤 기여를 하는 거지?' 하는 단순하고도 근본적인 것이었습니다. 교과서의 영어 지문을 통째로 외우고, 국어 교과서의 시와 고전 문장들을 통째로 암기해도 정신적 허기는 달랠 수 없었습니다. 특히 그때는 지금처럼 SNS나 유튜브, 인터넷 같은 디지털 매체가 없던 시절이어서 중요한 지식·정보의 원천은 학교 공부와 책이 거의 전부였습니다. 국어, 사회, 과학 교과를 막론하고 단순 암기형으로 진행되는 교과서 수업과 그 수업을 즉시 입시 문제에 대입하는 수업 평가 방식은 고통스럽기 이를 데 없었습니다. 지금 생각해 보면 그 당시 저를 가장 힘들게 했던 것은, 모든 시간과 노력을 기울였던 학교 공부와 실제 살아가는 삶 사이에난 큰 간극이 아니었던가 합니다. 삶에 대해 실제 효능감을 느낄 수없었던 공부는, 애를 쓰면서도 허공에서 노를 젓는 바보 같은 일을 하고 있다는 회의감에 빠지게 하여 청소년 시절 저의 정신세계를 극단적으로 무기력하고 예민하게 만들었습니다.

현재도 여전히 입시 중심의 학교 수업을 하고 있다는 점에서 대한민국의 학교가 근본적으로 달라졌다고 할 수는 없지만, 사회의 전반적 성장 속에서 학교현장은 예전보다 변화한 부분도 있습니다. 무엇보다도 권위주의적 교육문화는 이제 다소 사라진 듯하지만, 사회 주체들의 의식의 진화, 새로운 세대의 등장이 이제 권위주의적 문화를 더 이상 용납하지 못하게 하는 것 같습니다. 지금 젊은 세대가 가장 강력하게 반발하는 문화적 요소가 있다면 바로 권위주의 문화가 아닐까 합니다. 예컨대 이런저런 욕구불만을 참아낸다고 해도 젊은이들의 감각이 절대 수용하지 못하는 것이 바로 '꼰대' 문화 같은 것이 아닐까요. 제가 중고등학교를 다니던 시절, 학교에서 새로운 교육을 외치던 선생님들이 성취하려 했던 가장 절박한 과제는 권위주의 교육의 청산, 교육의 민주화와 같은 것이었습니다. 그리고 그것은 전반적 사회민주화와 선구적 교육운동, 문화적 변화에 의해 일정 부분 이루어진 것으로 보이기도 합니다.

그렇다면 이제 대한민국의 교육이, 대한민국의 학교가 반드시 성취해야 할 절박한 시대적 과제가 있다면 무엇일까요? 더 나아가 '미래교육' '미래학교'가 성취해야 할 교육적 과제를 꼽는다면 무엇일까요? 바로 배움과 삶, 학교와 사회 간의 불일치를 해소하는 일이 우선이 아닐까요?

█ 추상적 지식이 나쁜 지식은 아니지만

　사실 전형적인 입시 중심의 교육을 하지 않는다 하더라도 이 문제는 교육이라는 특별한 행위에서 늘 이슈가 될 소지가 있습니다. 이는 지식 체계 자체가 지닌 실재성과 관련된 문제 때문이기도 하지만, 좀 더 현실적으로 보면 교육 공간으로서 전통적 학습이 이루어지는 학교 공간 또는 교실이 지닌 '가상성'에서 비롯되는 문제이기도 합니다. '교실의 가상성'이란 단어는 언젠가 교육세미나를 하던 자리에서 학습과학자 조병영 교수님께 들었던 것이었는데, 그 이후 이 단어에 관해 여러 생각을 더 많이 하게 되었습니다.

　학교에서 배우는 지식은 수학이나 과학과 같은 원리적 추상도가 높은 지식도 있지만, 국어과나 사회과와 같은 세상 속 지식도 있습니다. 이러한 지식은 그 자체로 경험적 삶을 바탕으로 하고 그 경험에서 비롯된 것이므로 궁극적으로는 배움 자체가 세상을 향한 실천성을 지향하고 있는 지식입니다. 아리스토텔레스적 관점을 빌자면 이러한 지식은 관조적이기보다는 공동체성, 실천성, 관계성 등의 행위를 태생적으로 그 바탕에 두고 있는 가치지향적윤리적 지식입니다. 크게 보아 인문적 지식이라고도 할 수 있습니다. 그래서 기하학의 원리 탐구처럼 추상도가 높은 교과에 기대하지 않는 실천성에 대한 기대는 이러한 교과 자체에 이미 내재해 있습니다. 실천에 대한 암묵적 혹은 실제적 지침을 줄 수 있는 지식을 우리는 '지혜'라고 바꿔 말해도 무방할 것입니다.

그러나 학교와 교실에 갇힌 지식은 오늘날 결코 실천적 지혜로 승화되기 어려운 환경에 놓여 있습니다. 교과서 지식은 그 나름대로 교과 구성의 모델링을 통해 삶의 문제들을 그 안으로 수용하고 교과 카테고리로 요약하려고 하지만, 삶의 계기들은 무한한 데에 비해 교과서는 한없이 유한하기 때문입니다. 더군다나 21세기의 사회적 환경이 지닌 엄청난 가변성과 정보 폭주 상황은 과연 '교과서'라고 하는 유형의 책이 존재할 수 있는가, 필요성이 있는가, 학교라는 공간에서 문자적 인지만을 통해 실천적 감각을 익힌다는 것이 헛된 망상은 아닌가, 하는 강력한 의문을 지울 수 없습니다. 삶은 빠르게 움직이지만 교과서는 고정적이니까요. 이는 교과서가 무용하다기보다는 '교과서'의 개념이 전통적인 관점으로 규정되기 어렵다는 말입니다. 최근 미디어 변혁 상황과 관련해 전통적 리터러시 능력에 관한 심각한 우려가 교육적으로 제기되고 있습니다. 이는 학생들의 문제라기보다는 교육 공간이 실제 삶과 관련하여 생생한 연관성을 잃어버렸기에, 더 이상 아무 흥미도 유발하지 못하고,

교육적 효능감마저 느끼지 못하게 하고 있는 전통적 교육 방식의 문제가 아닐까 합니다. 지금까지 대한민국의 학교 시스템은 이런 격변 상황에 대해 우왕좌왕할 뿐 적절한 해결책이나 대답을 내놓지 못하고 있습니다. 어쩌면 포기한 것처럼 보이는 절망적 풍경이 감지되기도 하지요. 학교, 교실, 교과서가 학생들의 관점에서는 입시를 제외하면 어디에서도 효능감을 느낄 수 없는 '좀비'처럼, 세상에 없는 혹은 세상과 동떨어진 가상 지식의 섬처럼 받아들여지고 있는 것은 아닐까요?

저는 이 문제를 다시 '연결'이라는 관점에서 이해해 봅니다. 배움과 실천, 앎과 삶, 지식과 맥락, 책과 현장성, 학교와 세상의 연결이 끊어진 상황 말이죠. 그런데 이 문제를 일찍이 간단한 우화로 요약한 감동적인 문학작품이 있습니다. 물론 작가는 이 작품을 학교 교육이라는 관점에서 쓴 것은 아닙니다. 그러나 근본적인 문제의식은 크게 다르지 않다고 생각합니다. 그 작품은 바로 성경 다음으로 지구상에서 가장 많이 번역되어 출판되고 읽혔다는 생떽쥐베리의 『어린 왕자』입니다.

🖼️ 모든 곳에 대한 지식, 아무 곳에도 닿지 못한 앎

지구에 도착하기 전 어린 왕자는 이 별 저 별로 여행을 하면서 몇몇 어른들을 만납니다. 그들이 만난 어른들 중 상당수는 어떤 공통점을 가지고 있습니다. 먼저 어린 왕자가 지구로 오게 된 직접적 계기가 된 지리학자에 관해 얘기해 볼까요? 그는 자기가 지닌 지리학적 지식과 지리학자라는 직업에 대해 큰 자부심을 느끼는 사람입니다. 그는 세상 어느 곳에 관해서도 폭넓고 명확한 지식을 지닌 '똑똑한' 사람입니다. 그런데 지식의 불변성, 영원성을 신봉하는 그는 그 공간이 지닌 독특한 개별성에 관해서는 별 관심이 없습니다. 그의 지식은 구체성을 가지고 있지 않은 채 지극히 '이론적인' 성격을 띱니다. 그의 지식이 이러한 성격을 띠게 된 이유는 무엇일까요? 독자들이 짐작하는 것처럼 어린 왕자 이야기에 답은 잘 나와 있습니다. 그는 자기 앎의 대상이 되는 장소에 단 한 번도 가 본 적이 없었던 것입니다.[5]

학자적 지식의 특징은 추상성에 있습니다. 추상성이라는 것 자체가 잘못된 것은 아닙니다. 지식은 본래 추상성을 지니고 있습니다. 추상성을 만들 수 있어야 모든 개별성을 쓸어 담을 수 있는 보편성이 생깁니다. 사실 그래서 학문의 출발은 개별적 경험을 초월한 추상성을 발견하는 것과 관련이 있습니다. 서양철학의 아버지라 불리는 플라톤은 이러한 추상적 지식을 통해 학문의 출발을 보여주는 소중한 이야기를 그의 스승 소크라테스를 등장시켜 들려준 바 있습니다. 그 중에서도 세상에 있는 모든 삼각형을 쓸어 담을 수 있는, 보편적이고 추상적인 삼각형을 발견하는 기하학 이야기인 『메논』은 유명합니다.[6]

　문제는 이 추상성이라는 것도 본래는 구체성의 산물이며, 개별성들로부터 추출된 원리라는 점에서 처음에는 현장에 기반해 있었다는 사실을 망각한 것에 있습니다. 망각이 일반적인 것이 되면 지식의 역전 현상이 일어납니다. 개별성, 구체성, 맥락을 소홀히 하고 추상화 된 이론 자체를 신봉하게 되는 것이지요. 이때 이론은 현장과 연결되어 있지 않으며, 삶의 생생한 감각을 잊어버린 고사된 지식이 됩니다. 문명의 지식, 특히 서양의 지식은 17세기 이래로 그리스의 기하학적 지식의 보편원리, 추상성을 폭발적으로 발전시켜 기술주의적 현대를 완성합니다. 이것의 힘과 효과는 우리가 아는 것처럼 엄청났습니다. 그러나 모든 것을 쓸어 담을 수 있는 추상적 지식이 구체성을 망각하자 그 지식으로 건설한 세계는 기계처럼 일사분란하게 돌아가지만 지나치게 냉혹했고, 삶의 현장 속에 있는 사람들을 억압하는 거대 기계장치처럼 작동했으며, 지식으로 구현된 기술 체계가 지식의 발명자이자 발견자였던 인간을 거꾸로 질식하게 하고 지배하는 세상이 되었습니다. '인간 소외'라는 말도 생겨나게 되었고, '소외alienation'는 인간을 넘어 지구 생명체 전체의 문제가 되었습니다.

현대의 추상적 지식 체계로 만들어진 과학기술문명에 대한 저항감과 공포감이 20세기 초, 세계 전쟁 등을 통해 현실이 되었을 때, 그 반성으로 일어난 일련의 철학적 운동을 실존주의라고 하는데, 그들은 소외의 문제를 그들의 중심 과제로 다루었고, 『어린 왕자』역시 그 주제를 탐구하고 있는 철학소설이라고 할 수 있습니다. 그리고 지리학자의 추상적 지식은 소외된 지식의 한 전형을 보여줍니다. 제가 깊은 감명을 받고 독서하곤 했던 사유가 에리히 프롬의 표현을 빈다면, 이 지리학자의 앎은 존재 양식이 아니라 소유 양식이며[7], 그의 지식은 삶을 사는 동사가 아니라 메모리카드에 아카이빙해 둔 명사형 꾸러미처럼 생겼습니다. 그는 그 지식을 어디에서 익혔을까요? 아마 그도 학교에서 그 지식을 익혔을 겁니다. 정확히는 학교가 문제가 아니라, 학교의 교실 책상 위 교과서를 통해서만 익힌 지식이 문제였을 겁니다.

그런데 이러한 형태의 지식은 우리가 여전히 지금 경험하고 있는 학교의 소외된 지식 습득이나 배움의 양상과 비슷하지 않나요?

004

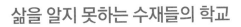

삶을 알지 못하는 수재들의 학교

📖 스탠퍼드대학의 실험실 혁명과
배고픈 아이들의 회전목마

저는 10여 년 전에 캘리포니아에 있는 스탠퍼드대학에 가서 그곳의 교육 책임자였던 폴김 교수님과 여러 날 대화하고, 이 대화를 책으로 묶어 출판했던 적이 있습니다.(폴김·함돈균, 2017/2020)[8] 그때 나누었던 대화 가운데, 특히 인상적인 어떤 에피소드를 들으면서 문득 그 이야기가 『어린 왕자』에 나오는 지리학자와 비슷한 얘기라는 생각이 들었습니다. 당시 전 세계 오지를 다니며 교육적 실천을 하고 있었던 폴김 교수님은 어린 왕자에 나오는 지리학자와는 가장 반대 방식으로 교육적이고 사회 디자인적인 차원에서 지식의 추상성 문제를 해결해 보려 애쓰는 교육운동가이자 사회혁신가로 보였습니다. 폴김 교수의 교육 방식이 지닌 가장 큰 특징은 교육과 실천, 배움과 현장을 '연결'하려는 데에 있었던 것입니다. 폴김 교수의 수업프로젝트는 학교를 현장과 연결시키고, 배움의 목표와 성과를 삶의 실제적 개선에 두고 실천하고 있는 사회혁신 프로젝트였습니다.

미국의 대학에서는 일찌감치 기업가정신entrepreneurship을 학문
적 역량과 연결시켜 삶을 개선시키려는 실용주의 문화가 발전되었
고, 지금 그 문화는 IT기술과 스타트업 창업으로 꽃을 피우고 있습
니다. 흔히 우리가 중동이라고 부르는 서아시아 국가들 중에서 돈
이 많은 석유 산유국들은 자기 나라의 미래를 염려하며 국립대학을
'미래대학'으로 전환하려고 하는 프로젝트들을 수행하고 있는데,
이런 나라들이 첫 번째 모델로 삼고 있는 학교 중 하나가 스탠퍼드
대학입니다. 전통적으로 미국의 인기 있는 대학들이 동부의 아이비
리그였다면, 이제 대학의 대중 인기도도 그 흐름이 바뀌고 있는데,
이는 미국적 부의 원천이 동부의 월가가 아니라 서부의 실리콘밸리
로 옮겨가고, 스탠퍼드대학이 그 배후 브레인 역할을 하고 있는 것
과 무관하지 않습니다. 스탠퍼드대학의 지배적 학교 문화는 학문을
통한 사회적 참여이며, 특히 배움과 기술을 연결하여 삶을 창조적
으로 개선한다는 창업가의 마인드가 가장 탁월한 학교라는 평가를
받고 있습니다. 현재 세상의 변화에 큰 영향을 미친 글로벌 기업가
들 중 여러 명이 이 대학 출신이며, 실제 가장 많은 창업이 이루어
지는 '창업가 학교'로 불립니다. 이 학교의 교육과정에서 중요하게
생각하는 것이 바로 현장성이며, 그 현장성이라는 것이 어떤 것인
지를 단적으로 알게 된 몇 가지 에피소드를 이 책에서 소개합니다.

폴김 교수님의 프로젝트는 세계에서 가장 연구 능력이 뛰어난
스탠퍼드대학의 프로젝트이지만, 이 대학의 강의실에서 이루어지

는 교육 연구도 실제 현장에 가 보지 않으면 아무런 쓸모 없는 무용지물 같은 허깨비 연구가 되는 경우가 많다는 사실을 지속적으로 일깨워주고 있습니다. 왜냐하면 그 어떤 교육 공학적 연구 설계를 통해 뛰어난 교육 디바이스를 만들어도 그것을 움직일 수 있는 전기조차 없는 저개발 국가에 가면 아무 소용이 없기 때문입니다. 아주 기발한 아이디어를 가지고 있던 한 학생의 프로젝트 실패 사례는 '웃프기'까지 했습니다.

전기가 들어가지 않아 우물의 물을 퍼올릴 수 없는 남미의 오지 마을에 혁신적인 전기모터펌프를 만드는 프로젝트가 있었습니다. 이 프로젝트에 참여한 학생들은 별도의 추가 시설 없이 전기를 간단하게 발전시키면서 그것이 아이들의 건강과 놀이에도 도움이 되는 두 가지 목적을 동시에 실현시킬 수 있는 프로젝트를 기획하게 됩니다. 그들이 만든 것은 어린이 공동놀이터의 회전목마였습니다. 아이들 스스로 회전목마를 발로 돌리며 놀 때, 그 돌리는 힘으로 터빈이 돌아가는 모터펌프시설을 개발했습니다. 대학원생들은 이런 회전목마 모터펌프를 발명한 후 무척 기뻐했다고 합니다. 하지만 발명품을 그 지역 여러 현장 놀이터에 설치하고 나서야 비로소 그들은 프로젝트가 실패했다는 것을 알고 크게 당황하게 됩니다. 아무리 기다려도 아이들이 놀이터에 나타나지 않았던 겁니다. 그 마을의 아이들은 아주 어린 나이부터 고사리 같은 손으로 커피농장, 사탕수수농장, 목화농장의 노동자로 일을 했기에 놀이터를 이용할 시간이 없었으며, 더욱이 너무 배가 고파서 일을 마치고 돌아오면 놀이기구를 돌릴 육체적 에너지가 남아 있지 않았기 때문입니다.

　이런 에피소드도 있습니다. 스탠퍼드대학의 대학원생들은 프로젝트를 실행하려 오지에 갈 때 음식문화가 다른 것을 무척 걱정한다고 합니다. 아무래도 음식은 취향의 문제인데다가 무엇보다도 음식을 섭취하면 신체 반응도 제각각이고, 적응하기까지 어렵다는 것이지요. 현지에 가면 원주민들은 음식을 통해 그들만의 성의를 표하는 일이 많기 때문에 차려진 음식은 기꺼이 먹어야 하며, 무슨 '음식'이 나올지 모르므로 마음 대비도 철저히 해야 한다는 것입니다. 프로젝트의 창의성 못지않게 사회 혁신적 교육프로젝트는 그 문화에 대한 이해와 수용력, 열린 마음과 체력을 기르는 게 공부의 중요한 일부가 되는 것입니다. 어떤 학생들은 배낭에 컵라면 같은 것을 가져가는 경우도 있는데, 이 역시 현지에 가면 무용지물인 것을 알게 되어 당황하게 된다고 합니다. 컵라면에 부을 뜨거운 물을 구하기 어렵기 때문입니다. 전기가 들어오지 않는 마을이 있다는 것을 아예 상상하지 못했기 때문이지요. 바로 이 에피소드가 삶의 현장성을 전혀 모르는, 삶과 연결되어 있지 않은 최첨단 부자 나라 교실의 배움과 앎이 지닌 추상성, 가상성을 말해주고 있습니다.

📖 맥락화 학습이 안 되면
선행을 하고도 죽을 수 있다

맥락화되지 않은 배움은 심지어 사회적 구호 활동을 하는 NGO 들의 경우에도 적잖게 나타난다고 합니다. 특히 선진 서구사회에서 만들어진 NGO가 이런 실수를 많이 한다고 합니다. 동아프리카의 무슬림 지역에 간 NGO가 영양실조에 걸린 아이들을 돕는다고 전달한 비타민 때문에 활동가가 살해당한 일화도 있습니다. 살해 사건 이후에 알고 보니 원조품으로 지원된 비타민이 돼지의 장기에서 추출한 영양분으로 만들어졌던 것인데, 그 지역은 돼지를 신앙으로 숭상하는 무슬림 커뮤니티였던 것입니다. 지역주민들은 비타민을 전달한 NGO의 구호 행위를 구호가 아니라 자신들을 모욕한 조롱 행위로 받아들였다고 합니다.

또 어떤 구호단체들은 신발이 없는 아이들에게 신발을 대형 컨테이너에 담아 구호품으로 보냈는데, 그 결과 지역의 신발가게를 다 망하게 해버린 일도 있었다고 합니다. 행위의 의도와는 상관없이 구호 행위가 오히려 어떤 부분에 '악행'으로 작용하기도 했던 일화입니다. 이런 일화에 관한 대화를 하면서 저는 한국 학교들의 추상성, 가상성을 자연스럽게 '다양성diversity'이라는 차원에서 생각해 보았습니다. 맥락화 교육의 저변을 잘 만들기 위해서는 사회와 문화가 가진 시선의 일방성을 중화시키고, 다각도의 관점과 태도를 자연스럽게 수용하게 하는 학습환경과 개방적 교육 컬처를 조성할 필요가 있기 때문입니다. 이렇게 보면 초중등교육과 고등교육을 막론하고, 한국 교육이 충분한 성찰 없이 거론하고 있는 '글로벌'이라는 구호가 걸립니다.

21세기 한국의 대학들은 너나 할 것 없이 '글로벌대학'을 모토로 내세웁니다. 미래학교가 '글로벌'이어야 한다는 생각에는 모두 동의하고 있습니다. 이런 맥락에서 '세계시민' '세계시민교육'이라는 말도 꽤 일반화되어 있고, 초중등 단위 학교 수준에서는 '국제학교'도 있으며, '다문화'라는 말을 사용하고 있기도 합니다. 그러나 지금 한국 문화와 교육, 학교에서 쓰이는 '글로벌' '세계' '국제' '다문화'라는 단어만큼이나 가상적인 개념이 또 있을까 라는 생각이 자주 듭니다. 이 단어들의 방향은 교육과 학교가 더 큰 세상의 맥락에 닿아야 한다는 방향성을 보여줍니다. 가치적 차원에서 이는 포용적이고 개방적인 태도가 미래학교의 방향이라는 인식을 담고 있습니다.

그러나 '국제학교'는 한국 사회에서 오히려 특권과 배타성, 폐쇄성, 개인경쟁성, 서구지향성을 뜻하는 학교로 인식된 지 오래입니다. 한국의 국제학교는 영어를 상용어로 사용하는 학교를 뜻하며,

심지어는 자국어인 한국어교육이나 한국어를 통해 이루어지는 교육적 인지활동보다 영어교육에 훨씬 더 몰두해 있는 인상을 지니고 있습니다. 게다가 영어를 통해 이루어지는 학습활동은 언어를 그 나라의 문화적 조건이나 도구의 일부로 다루는 것이 아니라 영어 습득 자체가 교육목표가 되어 있는 것처럼 보입니다.

현재 한국에서 쓰이는 '글로벌학교'라는 모토는 어떻습니까? 여기에서 말하는 '글로벌'은 인류적이고 포용적인 보편가치를 품은 세계성, 지구성이라기보다는 경제적 가치나 시장 확장, 대한민국의 국가적 확장을 위해 뻗어나가야 하는, 'K 문화'의 더 큰 확장을 위한 지향적 개념처럼 보입니다. '글로벌'이 진정한 다양성의 가치나 개방성을 띤 개념이 아니라, 마치 개인과 국가의 성장을 성취하기 위해 획득하고 나아가야 하는 공격적 대상으로서의영토, 재화 획득을 위한 잠재 시장, 국가 파워 확산을 위한 정책 지향적 개념으로 보인다는 것입니다. 그러다 보니 글로벌의 방향은 애초에 보편성을 띤 것이 아니라 자본주의 지구화를 전제로 한 특정 영역을 은연중에 범주화하며 제한적으로 인식됩니다. 처음에는 선진자본주의국가에서 이제는 중국, 다시 동남아 국가 시장의 이동 영역으로 말입니다.

사람들의 머릿속을 부지불식간 잠식하고 있는 세계화가 '신자유주의 세계화'라는 것은 많은 사회과학자들이 날카롭게 지적해 오기도 한 것이지만, 이를 높은 인류적 이상 속에서 교정하고 가이드 해야 할 대한민국의 학교들은 이런 편협한 가치관과 세계관을 반성

없이 확대하고 강화하는 대기업의 재생산 기제처럼 작동하고 있는 것은 아닐까 염려됩니다. 삶과 세계의 연결성과 맥락화가 매우 선택적이며 이데올로기적으로 활용되고 있다는 얘기입니다.

🔖 글로벌·국제·다문화·세계시민,
서로 다른 손가락

그런 차원에서 '글로벌대학' '국제학교' '세계시민'은 '다문화'나 '다문화가정'의 이주노동자 구성원들과는 다른 개념을 가진 것처럼 인식됩니다. '글로벌'은 역설적이게도 '다문화'를 빼고 남은 여집합을 뜻하는 것처럼 보입니다. 대도시의 중심부를 제외한 한국의 소도시나 농어촌 지역 학교에는 이미 교실 구성원의 상당수가 '다문화' 구성원으로 이루어져 있지만, 한국사회는 이런 학교를 국제학교나 글로벌학교로 생각하지 않습니다. 세상 자체가 '다양성 diversity'으로 이루어져 있다는 사실을 깨닫지도 못하고 인정하지도 못합니다. 그렇기때문에 학교의 운영과 교과 구성 속에서 현실은 이데올로기적이고 가상적인 현실로 대체되며, 말 그대로 순수하게 받아들여지지 못합니다. 글로벌, 국제, 세계시민이 현실과는 분리된 채 머릿속에 따로 노는 듯이 보입니다. 세계적 위상을 지니게 된 국력에 비해 글로벌대학을 외치는 한국에는 단 한 명의 외국인 대학 총장도 없으며, 더군다나 비서양권 교수는 찾아보기도 힘듭니다.

'다문화'가 현실이 된 상황에서 초중등학교의 교사, 관리자층 교사들 중에 '다문화권' 국적의 교사가 얼마나 있는지 궁금합니다. 교사들 자체가 다문화를 경험해 보지 못한 사람들입니다. 더불어 한국의 국제학교와 글로벌대학의 학생들은 경제적 상위 계층인 경우가 많아서, 다문화 공동체를 경험해 본 적이 없습니다. 그들은 서양인들의 말을 익히고 문화를 동경하여 이를 배운 적은 있지만, 이제 한국의 일부가 되어 있는 '다문화' 공동체의 노동과 문화와 경제사회적 삶이 무엇인지에 대해서는 두려움을 느끼고 낯설어 합니다. 구글의 CEO가 된 인도 경영자는 선망하면서 한국 사회의 일부인 아프가니스탄 노동자, 베트남 이민자들은 경계합니다. 학교가 삶의 실제를 전혀 구현하지 않을 뿐만 아니라, 허구와 인종주의에 가까운 문화적 다양성을 상정하고 있기 때문입니다.

인종주의적 편견과 시장주의적 관점으로 가득 찬 '글로벌'의 온전한 의미가 '지구시민성'이라는 사실을 상기하고 지구적 삶의 실제성을 연결하는 것이 바로 미래학교의 교실입니다. '지구적 삶'을 구성하는 요소는 인간만이 아니지요. 인간은 지구생태계의 극히 일부일 뿐입니다. 극히 일부에 불과한 인간이 지구의 주인이라고 여기는 인간 종 특유의 편견은, 지구가 우주의 중심이 아니라는 사실을 확인한 이후에도, 팬데믹 이후에도 변함없이 지속되고 있습니다. 물리과에서 지동설이 수용된 것과는 별개로 여전히 글로벌은

'인간의 글로벌 영역'으로 축소되어 있습니다. 지구의 권리는 인간의 권리이며, 여전히 생태계 전체를 지구공동체로 여기는 진정한 글로벌 지식 전환은 이뤄지지 않고 있습니다. 교실의 가상성, 배움의 추상성을 극복한다는 것은 교과 내용뿐만 아니라, 학교 자체를 세상의 실제 현실을 수용한 인식론적·문화적·가치적·생태적 실천의 장으로 전환해야 한다는 뜻을 담고 있습니다.

▨ 다양성diversity에 올인하는 스탠퍼드대학

이와 관련하여 제가 아시아개발은행ADB의 디렉터들과 나눈 대화를 묶은 책 『교육의 미래 컬처엔지니어링』(김길홍·나성섭·폴김·함돈균, 2021)에는 몇 년 전 스탠퍼드대학에서 있었던 '세계대학대회'에 관한 에피소드가 실려 있습니다. 그 대회에 초청받은 각 나라 대학들의 총장에게 자기 학교의 미래 비전을 이야기할 기회가 주어졌다고 합니다. 베이징대학 총장은 자기 학교의 미래 비전을 최고의 석학들을 교수로 초빙해 오는 것으로 말했고, 한국 모 대학의 총장은 자기 학교가 높은 취직율과 고시패스율, 대통령이 나온 학교라는 세 가지를 자랑했다고 합니다. 그 총장은 이것이 대학의 비전이라고 본 것일까요? 마지막으로 스탠퍼드대학의 총장이 나서서 말한 비전은 '다양성diversity'이었다고 합니다.[9]

이것은 인종적 구성으로 인해 문화적 다양성의 가치가 매우 중요할 수밖에 없는 미국의 배경 속에서 이해할 수도 있지만, 현재 세계에서 가장 영향력 있는 대학의 총장이 그것을 미래 비전으로까지 얘기한 건 매우 중요한 사실입니다. 다양성은 문화적 차원뿐만 아니라 세상의 모습과 삶 그 자체라고 할 수 있으며, 문화·가치·세대·젠더·지식 등등 모든 영역을 포괄하고 있습니다. 다시 말해 스탠퍼드대학 총장이 말한 다양성의 비전은 단순히 좋은 가치를 지향한다는 말이 아니라, 학교를 연구중심 상아탑에서 벗어나 세상과 직접 연결시킬 수 있는, 사회적 삶의 일부로 만들고, 삶의 맥락들을 교육과정과 긴밀히 연결시키는 야심찬 '학교-사회' '지식-삶'이라는 기획을 표현한 것입니다.

불교에 '바보 셋, 문수 하나'라는 에피소드가 있습니다. 문수는 불교에서 지혜를 상징하는 보살입니다. 한국에서는 오대산이 '문수 성지'라고 합니다. 이 말은 바보 셋이 모여 토의를 하면 문수보살과도 맞먹는 지혜를 도출할 수 있다는 뜻입니다. 집단지성이지요. 제가 참 좋아하는 이야기인데, 이 말을 들을 때마다 저는 여기에 숨겨진 전제가 있다고 생각합니다. '그 바보들은 분명히 성별이 다르거나, 국적이 다르거나, 다른 계층 사람이거나, 나이가 다를 것이다. 서로 완전히 다른 경험을 지닌 사람 셋이 모여 토의를 한다면 문수보살도 이길 수 있겠지.' 하고 말입니다. 실제로 스탠퍼드대학의 수업들 중에는 지역의 시민들에게 수업을 개방해서 함께 듣는 정규 수업들이 있다고 합니다. 프로젝트베이스러닝을 할 때, 다양한 시각을 공존시키는 것이야말로 효율성과 창조성을 함께 얻는 길인 것이지요. 다양성은 협력적 지성의 과정이자 결과물이라고 할 수 있다는 점에서 미래지식의 한 형식을 보여주고 있는 것입니다.

005

한 번도 서울 사람들과 연결되지 않은
세계적 건축가의 가상 공간

■ 그가 직접 서울에서 이 건물을 설계했다면

서울시민들은 눈치채지 못하고 무심하게 지나간 에피소드를 하나 얘기해 볼까 합니다. 오랫동안 패션쇼핑몰의 성지였던 동대문에는 우주선이 착륙해 있는 것처럼 보이는 특이한 건물이 있습니다. 한국 최초의 근대 운동경기장이었던 동대문운동장을 '간단히' 철거하고 만든 동대문 '디자인플라자DDP'입니다. 이 건물은 영국의 유명한 건축가 자하 하디드Zaha Hadid의 작품입니다. 비정형 노출콘크리트 건물로 서울의 랜드마크로 불리지만, 사실 이 건축물은 인문학적 관점에서 보자면 고개를 갸우뚱하게 만듭니다. 빼어난 조형미와 기술의 결합이라고 하지만, 건축물로서 이 건물은 서울의 랜드마크라고 하기에는 서울의 역사성, 인문성을 전혀 담고 있지 않은 뜬금없는 건물로 평가할 수 있습니다. 동대문, 서울 성곽 등 그곳을 둘러싸고 살아가고 있는 사람들의 삶과는 동떨어진, 전혀 맥락화 되지 않은 건물로 보입니다. 더욱이 이 건물은 한국 최초의 근대경기장이라는 역사적 상징성을 '밀어버린' 위에 세워졌습니다.

건축가 조성룡 선생님께서 이 건축물에 대해 평가한 인터뷰를 신문에서 읽었던 적이 있습니다. 건물 자체는 멋진 조형성을 지니고 있지만 신도시에 있었으면 더 좋았을 건축물이라고요. 그리고 건축과 조각은 다르다는 취지의 말씀도 하셨습니다. 더 이상 자세한 평가를 하지는 않으셨지만, 저는 그 말씀을 공공건축은 한 지역의 공적 기억을 담고 있고, 또 현재 그 지역의 집단적 경험, 사람들이 그 공간을 실제 활용하는 일이기 때문에, 그냥 앞에 놓고 감상하는 조각품과는 다르다는 뜻으로 이해했습니다. 디디피는 패션이벤트 등을 하는 장소로 활용되기는 하지만, 평소에는 그 멋진 건축물의 대부분이 비어 있고 공간 활용도가 애매하여 비효율적 공간이라는 평가가 많습니다. 공간은 들어가 보면 특정한 방향성과 구획성, 용도를 가지고 있지 않아서 무중력 공간에 온 것 같은 느낌을 받습니다. 이걸 어떤 미학적 특징이라고 역성을 들어 찬양하기는 어렵다는 생각이 듭니다. 사용하는 사람들이 불편함과 비실용성, 자원 낭비를 실감하기 때문입니다. 왜 이런 형태가 되었을까요?

건축가들에게는 이미 어느 정도 알려진 사실이지만, 건축가들이 전하는 바에 따르면 놀랍게도 건축가 자하 하디드는 이 건축물을 설계하는 동안, 심지어 건축물이 완공되는 시기까지도 서울 현장에 한 번도 와보지 않았다고 합니다. 건축가는 과연 현재 이곳에 살고 있는 사람들이 움직이는 생생한 삶의 동선, 인구적 특징이나 문화 생태계의 현장성을 충분히 이해할 수 있었을까요? 물론 세계적인 건축가와 건축회사답게 그들은 지도를 열심히 스터디 했을 것이고, 도면을 그 위에 놓고 섬세하게 스케치했을 겁니다.

관련하여 일반인들은 잘 모르는 자하 하디드의 여러 건축들에 대한 이런 비판도 있습니다. 지나치게 미학적이고 극단적으로 유선형이 많은 그의 건축물은 실제 설계를 시공으로 옮겨 지을 때, 시공 난이도가 너무 높아서 노동자들이 안전사고를 많이 당하는 '악명 높은' 건축물로도 유명하다는 사실입니다. 그의 머릿속에 있는 설계가 추상성을 넘어 어떤 가상성을 띠고 있다는 비판으로도 들립니다. 스포츠카를 설계할 때 도면은 멋지게 그릴 수 있지만, 기술적 현실과 인간의 시공력이 그것을 구현할 수 있지 않으면 '좋은 디자인'이라고 말하기 어렵다는 거죠. 그런데 건축물은 자동차와는 달리 많은 사람들이 여러 위험한 환경에 노출되며 짓기 때문에 기술적 구현의 현실 맥락도 설계의 일부가 될 수밖에 없습니다. 디디피는 멋지지만, 그곳을 지나칠 때마다 공간에 대한 모호성을 늘 느낍니다. 저에게 그의 건축물은 실제 삶과의 맥락화된 연결성을 지니고 있지 않은 어린 왕자의 지리학자를 떠올리게도 합니다.

📖 연결되어 있지 않음은 소외를 낳는다

『어린 왕자』에는 이런 문제의식을 지닌 우화들로 가득합니다. 어린 왕자가 어떤 별에서 만난 사업가는 장부를 들여다보는 일에 열심입니다. 그는 자기 회사의 상황을 정확히 파악하기 위해 사람들과 직접 만나 대화하고 현장을 방문하기보다는 장부의 숫자로 모든 걸 이해하고 계획하며 지시합니다. 숫자로 파악된 회사에서는 돈도 숫자지만, 물건도 숫자고, 사람도 숫자입니다. 숫자로 회사에 대해 어떤 지점을 알 수 있지만, 회사의 실감을 그것만으로 가지고 있다고 얘기하기는 어렵습니다. 그는 직원들을 만나본 적이 없기 때문에, 매출이 떨어지면 직원들을 쉽게 줄이거나 지워버릴 수 있는 추상적 기호에 불과합니다. 회사 역시 간단히 정리할 수 있는 숫자의 집적물에 불과합니다. 자기 회사의 사람들과도 관계성이 끊어진 사업가의 회사에서 직원들은 추상화된 기호로 소외되어 있지만, 기업가 자신 역시 소외의 양상에서 벗어나 있지 않습니다. 그는 누구를 믿고 누구를 의지해야 할까요?

사실상 오늘날 현대사회에서 거대기업의 운영은 이런 방식으로 추상적으로 운영되는 것이 일반적이기도 합니다. 주가에 따라, 회계장부의 숫자가 지시하는 실적에 따라 M&A 합병이 상시적으로 일어나는 세계가 오늘날의 기업과 시장입니다. 그런데 희한하게도 한편에서는 기업의 사회적 책무성이 어느 때보다 강조되고, 기업가치에 기업의 윤리적 가치가 투영되며, 인간 경험의 매우 디테일한 측면이 기업 서비스와 재화생산전략의 핵심이 되는 세상이 되고 있습니다. 오늘날 대기업에 가면 'UX 디자이너'라는 호칭을 사용하는 이들이 상당히 많습니다. '경험 디자이너user experience'로 불리는 그들이 주로 하는 일이 바로 삶의 생생한 경험을 디자인 업무와 연결시키는 겁니다. UX 디자이너는 마치 소설가의 묘사보다 더 치밀하게 사용자의 경험을 업무적으로 겪어내려 하고 스케치합니다.

이런 가상성의 문제는 커뮤니케이션 문제와도 연결됩니다. 오늘날 지식 생산과 아이디어, 교육의 문제는 교실 속에서 단순히 암기하여 이루어지는 고독한 산물이 아니라 삶의 구체적 맥락을 실감있게 공유하고 생각의 활발한 의사소통을 통해 업그레이드 되어 가는 집단지성의 과정적 산물로 이해되기 때문입니다. 그래서 교육 공간, 아이디어 공간을 특정 시공간에 고립시키거나 폐쇄시키는 것은 미래교육이나 지식산업의 방향이 아닙니다.

10여 년 전 실리콘밸리에 있는 페이스북 헤드쿼터를 방문하였을 때, 그 캠퍼스 공간이 특별히 인상적이었던 것은, 창업자 주커버그가 직원들과 한 공간에서 일한다는 사실이었으며, 화장실에서 임원과 직원들이 마주칠 수 있도록 일부러 공간 설계를 계획해 놓기까지 했다는 것이었습니다. 경영자와 직원의 일상적 연결이 여러 측면에서 매우 중요하고, 서로 간의 경험 공유, 일상 맥락을 공유함으로써 위아래가 따로 없는 사회적 커뮤니케이션이 중요하다고 여긴 까닭입니다. 이는 당연히 서비스 디자인 차원에서도 필요한 경영 합리성의 과정입니다.

이즈음 저는 문득 현대문학의 전위로 유명한 체코 작가 카프카의 소설들이 떠올랐습니다. 그의 소설의 큰 주제 중 하나는 '익명성'인데, 익명성이란 이름이 가려져서 실체가 분명치 않다는 겁니다. 그는 익명성의 문제를 현대성의 핵심적 문제로 규정하고, 현대 사회가 실체가 분명치 않은 익명성의 체계 속에서 허우적거리고 뒤뚱거리면서도 기이하게 톱니바퀴처럼 멈추지 않고 돌아가는 괴상한 사회-기계라고 보았습니다. 그 주제 의식만큼이나 그의 소설의 내용도 낯설기 짝이 없어서 난해한 인상을 주고 독자들에게 한 세기 가깝도록 해석거리를 던져주고 있습니다. 이 악명 높은 작가인 카프카의 작품 속에는 바로 '연결성'이 숨어 있습니다.

🔲 기계인간과 기계도시, 카프카와 불통의 공부

　카프카의 문제의식은 오늘날 관점에서 보면 커뮤니케이션의 차원에서 이해될 수도 있습니다. 그의 문제의식도 처음에는 구체적인 사회적 현실의 관찰에서부터 시작되었을 겁니다. 그 관찰은 여러 측면으로 이루어졌겠지만, 그의 작품은 '연결'의 관점에서 현대의 조직과 사회를 관찰한 예술적 승화의 결과입니다. 카프카의 소설 중 가장 난해하고 유명한 작품 중 하나로 『성』이라는 작품이 있습니다. 백작의 초대로 성의 측량사로 마을에 소환된 K는 부근에 있는 성의 입구를 찾아 진입을 시도합니다. 그러나 금세 닿을 것 같은 성의 입구는 아무리 걸어도 닿을 듯 닿을 듯하면서도 닿지 않고, 거리는 멀어지지도 좁혀지지도 않으며 정확히 가는 방향을 보여주지 않습니다. 마을 사람들은 K라는 이방인을 의심하고, 그는 정작 성으로 들어가야 함에도 불구하고 마을 사람들에게 하찮은 존재 취급을 받으며 일의 본진으로 진입하지 못합니다.[10] 이 소설은 완성되지 못한 채 끝나지만 완성되지 않아도 무방한 소설이라고 평가받습니다. K의 여정 자체가 엉뚱한 왜곡의 여정으로 뒤뚱대다가 끝나는 미완일 수밖에 없기 때문입니다.

카프카는 이 괴상한 우화가 현대성의 핵심을 보여준다고 생각했습니다. 실험성이 높아 수수께끼 같은 이야기로 보이지만, 사실 이 이야기의 핵심은 K와 성의 정확한 연결, K를 호출한 백작과 K의 커뮤니케이션이 분명치 않았기 때문에 생긴 연결의 비극입니다. K는 분명히 백작의 의뢰를 받고 성으로 들어가기 위해 부근 마을에 도착했으나, 이후 K를 호출한 백작은 모습을 감추고 K는 백작을 만날 길도 의사를 소통할 방법도 없습니다. 메시지의 수신자는 있는데 메시지를 보냈다는 송신자가 얼굴을 가리고 모습을 드러내지 않습니다. 백작이 산다는 성의 부근에는 메시지의 송신자로부터 그를 격리시키는 온갖 왜곡의 과정들이 상존하는데, 이 커뮤니케이션 왜곡 상황들은 끝내 해소되지 못합니다. 들어가지 못하는 성과 정확히 소통할 수 없는 백작의 메시지는 과연 존재하는 것일까요?

카프카는 사회체계가 복잡해질수록 커뮤니케이션의 왜곡과 익명성의 문제는 더 심각해질 것이라고 보았습니다. 위아래가 바로 연결될 수 없도록 중간 체계가 복잡해지고, '위'는 무의식적인 가부장 체계를 작동시킴으로써 투명한 의사소통체계를 방해하며 사회를 지배한다는 것이죠. 카프카의 문제의식이 커뮤니케이션 불통성에 초점을 맞춘 것은 아니지만, 오히려 오늘날 생생하게 다가오는 면이 있습니다. SNS나 소통을 위한 기술적 체계가 발달한 세상에서도 대기업이나 정부라는 거대한 관료 체계의 운영 방식을 보면 '위'와 '아래'가 거의 소통되지 않는 연결의 불통성이 흔히 관찰되기 때문입니다. 전달하고자 하는 메시지가 무엇을 의도하고 있는지 분명치 않고 그저 소비되고 흘러 다닙니다.

이렇게 연결의 관점에서 보면 어린 왕자가 만난 어른들은 대체로 다른 존재들과의 생생한 연결이 끊어진 존재들이라는 사실을 알게 됩니다. 명령만 하는 왕의 나르시시즘은 타자와의 연결이 차단된 까닭이고, 다른 사람의 시선과 타인의 찬양에만 민감하여 허영심에 빠진 어른 역시 타인과의 진정한 유대가 끊어져 있습니다. 그는 자신과의 참된 연결성과도 계속 밖을 의식하고 있는 자기 내면의 목소리와도 연결되어 있지 않습니다. 그의 가장 큰 고통은 자기가 진짜 원하는 것이 무엇인지 자신도 잘 모른다는 사실입니다. 타인을 위해 일한다는 점에서 어린 왕자가 만난 어른들 중에서 그나마 중립적으로 묘사되는 인물이 밤에 가로등을 켜는 사람이지만, 이 어른 역시 자기가 켜는 가로등이 누구를 위해서 무엇을 위해서 켜는지 이유를 잘 모릅니다. 그는 단지 그 일을 '시키니까' 합니다. 타인을 위해 하는 일이지만 뚜렷한 동기나 목적성을 지니지 못한 그의 기계적 업무 처리는 현대 관료제 사회에 대한 풍자입니다. '그냥 하는' 이 수동적인 기계성은 일을 하는 당사자에게 무의미와 권태를 가져다 줍니다. 이는 일이 추구하는 대상과의 구체적 연결성이 끊어져 있어 나타나는 공허와 소외이기도 합니다. 저는 이 어른들의 이야기를 지난 세기 제가 공부해 온 우리 학교와 교실이 지닌 '가상성'에 대한 우화로도 읽습니다. 이 가상성은 대상의 구체성을 학습자들에게 떠올리게 하지 않고, 어떤 실천성을 불러 일으키지도 못한다는 점에서 익명적 지식이라 할 수 있습니다. 또한 맥락이 없고 삶의 의미로 지속되는 앎이 아니라는 점에서 파편적 정보 이상의 지식이라고 부를 수 있을지도 의문입니다. 열심히 배우고 외우고 공을 들여 시험도 보지만, 삶의 맥락을 떠난 교육은 흥미도 지속성도 생생한 의미도 갖지 못합니다.

이 현상의 핵심에는 구체적 삶과는 연결이 없는 앎과 배움이라는 문제가 있습니다. 대체 이 공부가 나와 무슨 연관이 있을까, 그런 공부에서 평가 기준이 되는 시험제도는 삶 전체를 헤아릴 때 실제 학습자의 역량을 드러내는 측정 기준이 되지 못합니다.

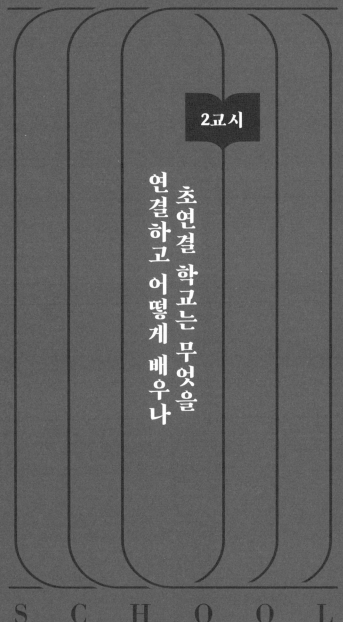

HYPER-CONNECTED

2교시

초연결 학교는 무엇을
연결하고 어떻게 배우나

SCHOOL

006

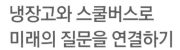

냉장고와 스쿨버스로
미래의 질문을 연결하기

▨▨ 일상의 발견을 배움으로 연결하기

그렇다면 배움 또는 학습을 '연결'의 관점에서 디자인한다는 것은 어떤 의미이고 어떤 형태를 띨까요? 이러한 배움에서는 무엇을 무엇과 연결하며, 학교는 연결을 어떤 차원에서 디자인해야 할까요? 그동안 제 경험과 세계적인 교육 혁신을 주도하고 있는 학교들의 관찰 사례를 통해서 저는 '연결'을 디자인하는 학교가 다름 아닌 '미래학교'를 선취하고 있다는 사실을 알려드리고자 합니다.

10여 년 전 저는 모 일간 신문사에 '사물의 철학'이라는 이름의 조금 낯선 칼럼을 연재했습니다. 다양한 일상 물건들에 대한 이야기였는데, 문학평론가였던 제가 그런 종류의 칼럼을 쓰는 것이 다소 일탈적으로 보였는지, 주위에서는 문학평론가가 왜 소설이나 시가 아니라 '물건'을 품평하지? 의아해하는 반응이 있었습니다. 그러다 사물들을 다루는 제 시선이 신선했는지 이러한 관점을 더 자세히 직접 들어보고 싶다는 강의 요청이 여러 분야에서 들어 왔고, 연재는 두 권의 책으로 완결되었고, 발상을 확장시킨 또 다른 계열의 책으로 출간되었습니다.[11] '사물'을 통해 이 원고에 매달린 시간은 개정판 작업까지 포함해 7~8년이나 걸렸고, 책에서 다룬 사물은 168가지나 되었습니다. 냉장고, 우산, 양산, 과도, 의자, 칠판, 연필, 스쿨버스, 백팩, 빨대, 생수, 넥타이, 텐트, 운동화, 벙어리장갑, 문, 벽, 마우스, 플러그, 후추통, 테이크아웃컵, 내비게이션, 양말, 포스트잇, 신호등, 가로등, 선글라스, 경첩, 젓가락 등등 사소하다고 하면 사소할 수도 있는 일상의 물건들이었습니다. 제가 갑자기 이런 물건들, 도구들을 다루었던 이유는 무엇이었을까요? 그리고 저는 이 물건들을 어떤 관점에서 접근했을까요?

사실 제가 문학평론가로서 문학에 대해 지녔던 관심은 순수한 미학적 관심이었다기보다는 인간 현실에 대해 문학이 보여주는 특별한 존중감과 독특한 관찰법 때문이었습니다. 문학은 가장 서정적이고 가장 나즈막한 어조로 말할 때조차도 삶에 대한 뜨거운 실천성을 전제로 하고 있습니다. 또 문학은 태생적으로 상투적인 시선을 싫어하는데, 여기서 상투적이란 말은 상식의 외피를 띠고 있지만 검증되지 않은 채 사실처럼 유포되고 있는 상식 같은 걸 뜻하죠. 그래서 상투성은 '생각'의 외피를 띠고 있지만 생각하지 않은 '자동지각반응'의 성격을 띠고 있는 것이 많습니다. 또 문학은 매우 구체적인 인간 현실, 즉 맥락화된 앎을 다룹니다. 이때 앎은 '머리'만이 아니라 정서적 앎의 형태까지를 포함합니다.

문학은 인간의 경험을 존중하고 그것을 바탕으로 쓰이지만, 이때

2교시 ○ 초연결 회피는 무엇을 연결하고 어떻게 배우나

'문학적 경험'이라는 것은 섬세하게 이해될 필요가 있습니다. 무언가를 '겪는다'는 사실 자체가 경험이라기보다 그 겪음을 반성적 자료로 활용하여 자기 성장, 공동체적 성숙 과정이 된다는 사실은 문학적으로 유효한 경험이라고 할 수 있습니다.

제가 시창작 수업을 할 때 좋은 시 창작을 위한 네거티브 리스트 중에 '속담'을 절대 쓰지 말라는 제안이 있습니다. 속담은 인간 경험의 산물이기는 하지만, 집단적 경험 자체를 검증 없이 정당화하여 이를 마치 진리로 여기게 하는 사고의 강제성을 띠기 때문입니다. 가끔 주위에서 보면 "내가 해봐서 아는데"라고 말하는 이들이 있습니다. 그 경험이 유효할 때도 있지만, 그 경험을 절대화하는 것은 또 다른 문제인 것입니다. 속담의 '지혜'는 주로 결과중심적 사고에 기우는 경우가 많습니다. 확률성을 통해 자신의 진리성을 주장하는데, 이런 주장은 자동지각반응처럼 '하는 생각'이라기보다는 '드는 생각'의 정당화를 강제하기 때문에 엄밀하게 말해 능동적인 생각이라 할 수 없고 점검되지 않은 것들이 많습니다. 또한, 자동지각반응은 주체적 관점에서 편집되지 않은 정보의 덩어리나 파편적 정보 인상 같은 것이라서 곱씹어볼 만한 의미의 계열을 통해 지식화, 이론화되어 있지도 않습니다. 속담은 집단적 경험을 진리로 정당화하려 하지만, 이는 개별적으로 경험하게 되는 사건의 구체성, 맥락을 무시하고 평균주의적 사고를 강제하는 것과 같습니다. 한 사건을 두고 저마다 다른 인생 서사를 지닌 사람들에게 같은 방식으로 작용되어 똑같은 결과를 만든다는 얘기와 같은 맥락이지요.

　20세기 교육의 평균주의를 비판한 『평균의 종말』(토드 로즈, 2021)이라는 유명한 책에서 하버드대학 교육대학원 교수인 저자는 재미있는 일화를 소개합니다. 그는 현재 자동차 실내 디자인의 혁신이 세계2차대전 당시 만들어진 미국의 전투기 조종석 디자인 혁신에서 비롯된 것임을 밝힙니다. 전쟁 당시 미국 공군은 낮은 정밀도를 보이는 전투기 운행 능력을 높이고자 전투기의 기계적 결함을 수정하려는 시도를 여러 번 합니다. 그래도 개선되지 않자 새로 부임한 공군 책임자는 이것이 전투기의 기계적 결함이 아니라 디자인에 대한 관점 자체에 문제가 있는 것은 아닐까 하는 자기의심을 하게 됩니다. 그리고 그는 새로운 조종석 좌석, 기계 버튼 등을 만들면서 조종사의 평균 신체 기준으로 디자인된 운전석이 문제일 수 있다는 생각에 이르게 됩니다. 공군 책임자는 조종석 디자인의 기준이 되었던 미공군 조종사의 평균 신체 기준 항목(시력, 신장, 팔길이, 다리 길이 등)의 다양한 카테고리를 다시 전수조사하기에 이릅니다. 그리고는 놀라운 사실을 발견하게 됩니다. '평균 조종사 신체'에 모두 부합하는 실제 조종사는 미공군 전체를 통틀어 단 한 명도 없었기 때문입니다. 그 후 그는 놀라운 명령을 전투기 설계에 지침으로 하달합니다. '평균'이라는 건 없다, 평균은 '가상'이다. 가상에 의지한 전투기 설계를 모든 조종사의 개별적 신체에 맞게 '맞춤형'으로 설계하라!

　결과는 어땠을까요? 공군 전투기 설계자들은 처음에는 그 말을 듣고 경악합니다. 개별적 조종사에 맞게 모두 다른 전투기를 설계하라니, 불가능한 일이라고요. 하지만 사고의 프레임을 바꾸면, 그때부터 그 목표에 부합하는 새로운 전략을 짜게 됩니다. 목표를 이루기 위한 새로운 '학습'이 일어나는 것입니다. 그렇게 탄생한 것이 움직이는 조종석입니다. 개별 조종사들마다 자기 신체에 맞게 좌석과 실내를 어느 정도 움직일 수 있게 디자인한 것입니다. 이 디자인이 지금 사용하고 있는 현대 자동차 좌석 및 실내 디자인에도 그대로 적용된 것입니다. 이것을 저자는 맞춤형 학습의 원리에도 중요한 아이디어로 차용해야 한다고 얘기하며, 교육에 있어 검증되지 않은 사고의 자동성, 편향성, 평균주의가 지닌 가상성과 허구성에 대해 통렬히 비판합니다.[12]

　'사물의 철학'의 주된 관점, 집필 동기도 이런 문제의식 때문이었습니다. 이 칼럼을 책으로 묶어 출간했는데, 이는 사물에 대한 정보나 지식 전달과 아무런 관련이 없습니다. 문제의식은 철저히 사람들의 자동지각반응을 능동적이고 주체적인 사유 운동으로 전환하는 것이었습니다. 제가 다루었던 대상들은 누구나 사용하는 평범한 물건, 게다가 꽤 오래 사용되어 특별한 관심 대상이 되지 못하는 아날로그적인 물건들이 대부분이었습니다. 이 대상들을 그냥 '물건'이나 '도구'라고 표현한다면 자동적인 지각반응을 피하기 어렵다고 여겼기 때문에, 저는 일단 사용자의 관찰 습관을 멈추게 해야 했습

니다. 물건이나 도구를 '사물'이라고 표현해서 낯설게 만드는 것은
사고 자동화 중지의 첫 번째 단계였습니다.

🕮 어떻게 사과를 새롭게 볼 것인가?

이창동의 영화 《시》에는 시인 강사가 처음 시를 배우는 사람들에게 사과라는 대상을 놓고, "여러분은 이 사과를 본 적이 있으신가요?"라고 묻는 장면이 나옵니다. 이 질문은 사과를 지금까지 먹던 '과일'로서가 아니라 다른 사물로 '다시 제대로' 보게 하기 위한 중화 과정이라고 할 수 있습니다. 현상학이라는 철학 분과에서는 이러한 과정을 '판단중지epoche'라고 말합니다. 일단 생각의 자동적 흐름을 멈추게 해야 한다는 것이죠. 앞서 우리가 나누었던 르네 마그리트의 낯선 그림이나 초현실주의자들의 사물 배치가 바로 판단중지를 위한 중화 과정이라고 할 수 있습니다. 그렇다면 이즈음에서 여러분이 다니던 학교나 현재 학교 과정에서 '판단중지'를 하는 수업 과정이나 그런 학습법을 경험해 본 적이 있었는지 묻고 싶습니다. 저는 그런 공부법을 경험해 보지 못했습니다.

입시중심 교육은 지각자동성, 정보자동성, 정보파편성을 극대화한 교육이라는 점에 가장 큰 문제성이 있습니다. 더욱이 우리 문명이 대격변기를 경험하고, 미래교육과 미래학교가 큰 이슈가 되고 있는 지금 그동안의 경험에 기초한 내용을 평균율에 맞추어 똑같은 방식으로 되풀이해서 전달하는 것도 문제입니다. 게다가 그 '경험'이 지닌 평균주의적 가설 때문에 학습자 경험의 의미조차도 분명치가 않습니다. 이런 교육에서는 대상을 새롭게 보기도 어렵지만, 제대로 보기도 어려운 것이지요.

『사물의 철학』은 대상을 '사물'로 바꿈으로써 적어도 그동안 사용했던 물건의 도구성, 쓸모를 판단중지 시키는 효과를 만들어보자는 취지를 갖고 쓴 책입니다. 이 책은 한 작가의 글쓰기 방법론 뿐만 아니라 애초부터 인간의 사고를 '진화시켜 보자'는 교육적 취지가 반영되어 있습니다. 일찍이 지금까지와는 다른 학교를 만들고 싶다는 생각을 가졌던 저로서는 '미래학교'를 만든다면 그 학교에서는 어떤 종류의 수업을 어떻게 진행해야 할까, 그 수업의 학습목표는 무엇이어야 할까, 이런 가정적 질문을 혼자서 많이 해왔고, 그 질문에 대한 제 방식의 대답이 이런 사고훈련법이었습니다. 이런 사고훈련법에서 제가 가장 중요한 학습목표로 상정하였던 것이 바로 교육을 학습자의 생생한 경험, 나아가 사회와 문명의 현장 맥락과 연결시켜야 한다는 생각이었습니다.

삶과의 생생한 연결성이 끊어진 교실의 가상성에 대한 문제 제기는 이 책의 주된 문제의식이고 여러 번 강조되겠지만, 제가 학생으로서 한국의 제도교육 과정에서 깊은 깨달음을 얻었던 순간 중에 바로 이 문제에 관한 대학 스승의 강론 시간이 있었다는 고백을 드리고 싶습니다. 그 선생님은 문학수업을 진행하면서도 다양한 고전 텍스트를 언급하시는 분이었는데, 그날은 성경의 「출애굽기」의 한 장면을 언급하며 다음과 같이 그 장면을 해석하셨습니다. 산에 올라 길을 헤매던 모세가 가시덤불 위에 이상한 불이 일어나는 것을 보고서는 그 낯선 형상에 이끌려 조심스럽게 그 앞으로 다가가는데, 불이 일어나는 덤불에서 갑자기 다음과 같은 음성을 듣게 되는 장면입니다. "모세야 거기 멈춰서 신발을 벗어라. 네가 선 자리는 거룩한 자리다" 그 선생님은 자기가 선 자리가 거룩한 자리라는 것을 깨닫게 하는 신의 목소리가 바로 문학이라고 해석하셨습니다. 자기가 선 삶의 자리를 신성한 자리로 여기라는 그 말씀을 듣던 날의 충격은 지금도 생생하고, 저는 그것을 일생일대의 가르침으로 받아들이게 되었습니다.

사실 저는 문학뿐만 아니라, 교육이라는 것이 궁극적으로 자기가 선 자리와의 생생한 연결성, 거룩함을 회복하고 각성하게 하는 일이라고 생각해 왔습니다. 자기가 선 자리는 공간의 구체성이기도 하고 시대적 구체성을 띠기도 하지만, 궁극적으로는 한 인간이 나고 자라며 죽을 때까지 겪는 '삶'이라는 포괄적인 경험 전체라고 생각합니다. 제게 『사물의 철학』은 삶이라는 포괄적 경험을 능동적이고 의식적이고 생생하게 사유하게 하는 훈련법의 하나이며, 디자인된 글쓰기 방법론이자 교육 방법론이라고 할 수 있습니다. 그것은 간단하지만 배움의 현장을 교실의 가상성으로부터 구제하여 삶으로 귀환하게 하는 교육 디자인이었습니다.

　마침 프랑스의 시인 퐁쥬는 사물들과의 생생한 만남 자체가 세계와의 만남이라는 사실을 이렇게 얘기합니다.

> 굴조개, 흔한 돌멩이만 한, 그러나 돌멩이보다는 거칠고, 덜 고른 색깔, 허연 빛이 환하다. 조개는 고집불통의 닫힌 세계이다. 열 수는 있다. 조개를 헝겊의 접힌 자리에 쥐고, 칼로 몇 차례 쳐 본다, 고르지 않는 칼날, 제 마음대로 치는 칼, 호기심의 손가락이 몇 번 다치고, 손톱이 깨진다. 내리친 칼로 인하여, 그 껍데기에 둥그런 줄이 가고, 흰 무리와 같은 것이 생긴다. 속을 열면 하나의 세계가 있다. 마시고 먹을 수 있는 세계. 나전 자개의 창공 아래, 위 하늘이 아래 하늘로 내려오고, 그 아래는 늪, 미끄덩거리는 녹색 주머니 같은, 냄새, 모양의 밀물 썰물의 물결, 그것을 둘러 거무스레한 레이스의 가장자리. 드문 일이기는 하지만, 때로는 자개의 목에는 진주가 될 모습이 스며 있고, 그것을 몸치장에 쓸 수 있을지.
>
> – 프랑시스퐁주 「굴조개」[13]

　굴조개를 까는 장면을 묘사한 이 시는 사물과의 생생한 만남이 사물의 강력한 저항을 동반하는 과정임을 보여줍니다. 굴조개를 까

려는 손과 칼이 돌멩이 같은 굴조개와 만날 때 손톱은 깨지고 손가
락은 다치고, 굴조개의 껍데기에도 상처가 납니다. 그러나 그 과정
을 통해 손이 열어젖힌 굴조개 속에 '하나의 세계'가 있습니다. 단
순히 '먹을 수 있는 세계'만이 아니라, 창공이 내려와 있고 늪과 밀
물 썰물이 스며 있고, 레이스와 진주가 될 가능성이 담겨 있습니다.
사물과 연결되는 손의 노고가 없으면 굴조개는 열리지 않고, 굴조
개의 참된 모습과 여러 세계들의 가능성은 확인할 길도 없으며, 경
험할 길도 없이 닫힌 채로 어떤 편견의 껍데기를 두른 채 닫혀 있게
됩니다. 시인은 이런 사물과의 만남이 새로운 세계와 연결되는 통
로라는 점에서 삶의 실재를 알게 되는 과정이라고 말하는 듯합니
다. 그리고 시인은 이 체험을 풍자적인 어투로 이렇게 말하기도 합
니다.

임금들은 문짝에 손을 대지 않는다.
그들은 문짝을 미는 행복을 알지 못한다.
가만히 또는 거칠게. 그 익숙한 판때기를 밀고,
다시 되돌아 마주 보면서 제 자리에 섰나
확인하려고 문짝을 팔에 안는 행복을…
– 프랑시스 퐁주 「문짝의 즐거움」 중에서[14]

'문짝에 손을 대는' 경험은 사물-삶과의 연결에 대한 생생한 감

각을 뜻합니다. 그러나 임금은 문을 열고 들어가는 모든 공간에서 시종의 손을 빌립니다. 편하기는 하겠지만 삶의 실제성을 잃어버린 감각은 행복에 대한 감각을 잃어버리게도 합니다. 행복의 감각이란 사물의 세계와 실제로 만날 때 일어나는 내 몸의 '즐거움'이기 때문입니다. 그러나 시인이 말하는 행복-즐거움은 단순히 느낌 차원에 국한되는 것만은 아닙니다. 여기에는 좀 더 심오한 의미가 깃들어 있습니다. 문을 열 때 우리의 손은 '가만히' 열기도 하고, 어떤 경우에는 '거칠게' 열기도 하며, 밀었던 '익숙한 판때기'가 '제 자리에 섰나' '다시 되돌아 마주 보면서' 확인하기도 하며 문짝을 팔에 다시 안아 보기도 합니다. 문짝을 여는 방식이, 문짝과 만나는 손의 감각이 이렇게 매번 다른 것은 사람들이 문짝을 여는 상황이나 문이 열어내는 방의 종류가 다르기 때문입니다.

예컨대 배고플 때 문을 여는 손은 거칠고 다급합니다. 지각할 때 교실문을 열고 들어가는 학생의 손은 멈칫멈칫 조심스럽습니다. 회의실에 들어갈 때 우리 손은 가만히 문을 엽니다. 상황에 따라 문짝을 달리 여는 손은 그 다른 상황에 대한 무언의 몸-인지력을 발휘하는 서로 다른 인지적 대응 방식이며, 이것은 상황 판단력, 즉 맥락화된 앎과 실천이 서로 연결되어 있음을 보여주는 것입니다. 앎-인지는 머리로 이루어지는 것이 아니라 우리 몸 전체의 감각적 총체입니다. 이미 20세기 중반 현상학자 메를로퐁티는 외부 대상과의 접촉을 통한 인지활동, 판단력 전체가 몸의 총체적이고 맥락적인 실행 과정임을 매우 디테일하게 가르쳐준 바 있습니다. 상황에 따라 사용되는 손의 다양한 '인지력-사용법'을 맥락화된 앎에 기초한 몸의 실행 전략이라고 해도 될 것입니다.

　무엇을 배우고 알게 된다는 것은 결국 올바른 판단력에 기초하여 그에 걸맞는 실천을 디자인하기 위한 일이 아닐까요? 인지와 실천은 몸이 세상의 다양한 맥락에서 사물을 매개로 감각하는 '경험' 전체를 통해 이루어집니다. 독일의 철학자 아도르노는 이러한 인간 경험의 특징을 '찌꺼기 행위'라고 표현한 바 있습니다. 도구와 손이 늘 똑같이 만나는 것이 아니라, 상황에 따라 그 맥락을 인지하고 동일한 도구라도 손의 감각이 조금씩 다르게 도구와 만나 작동한다는 것입니다. 도구의 쓸모는 애초부터 정해져 있지만, 그 쓸모가 실행되는 실제 방식은 정해져 있는 도구로 완전히 흡수되거나 동일하게 반복되지 않으며, 몸의 맥락적 인지와 실행 속에 남아 있는 '찌꺼기' 판단 행위, 즉 '경험'을 통해서입니다. 그에 따르면 '경험'은 절대 동일할 수 없으며, 모든 사람마다 다르게 체화됩니다.[15]

　세계2차대전 기간에 나치의 유대인 핍박을 피해 미국으로 망명했던 아도르노는 당시 폭발적으로 성장하는 미국의 도시문명을 경험하면서, 미국으로 상징되는 20세기 현대문명의 특징을 '자동화'라는 관점에서 예감하였습니다. 자동화 문명이 인간의 생생한 경험을 삭제시키고 삶을 가상적이고 수동적인 자동지각경험으로 퇴행시킬 것이라고 예측하였던 것입니다. 자동화는 맥락적 앎–몸의 경험을 원천 차단하기 때문입니다. 이것은 오늘날 디지털화가 촉진되고 모든 사물과 도처의 정보망이 연결되는 미디어 상황에서, 인간의 '인지력'에 정말 도움이 되는 상황인가, 하는 선구적 문제의식을 담고 있습니다. 아도르노의 문제의식은 정보 자체가 아니라 삶의 구체적 맥락 속에 길어 올려지는 몸–경험의 유니크함과 인지력과의 상관성입니다. 요즘 학습과학의 원리로 바꿔 말하면, 몸–경험은 체화학습embodied learning, 맥락화학습contexte learning과 관계된 사유라고 할 수 있습니다.

풍쥬 시인은 권력자 임금을 풍자하는 방식으로, 아도르노는 자동화 문명에 초점을 두고 이 얘기를 하고 있지만, 공통적인 것은 인간 감각의 실제성, 구체성, 맥락의 소거에 대한 강력한 문제의식입니다. 이 문제의식에는 감각과 인지, 행복 같은 가치가 얽혀 있다는 생각이 담겨 있습니다. 제가 집필한 『사물의 철학』 또한, 삶의 구체적 맥락 속에서 일상의 물건을 통해 겪게 된 경험과 감각을 인지적 측면, 가치·도구적 유용성, 공동체의 이념이나 문명의 무의식, 심지어는 개인의 무의식 차원에서까지 다양하고 종합적으로 연결해 보고, 곰곰이 관찰해 보고 찬찬히 생각해 보자는 취지의 글쓰기이자 사고훈련법이었습니다. 이 사고훈련법은 자동지각반응에 태클을 걸기 위해서, 모든 사물 경험에 뜬금없는 질문을 하나씩 상정하거나 전제하거나 발명하는 방식으로 쓰였습니다.

예컨대 '과도'에 대한 사유는 이러한 질문으로 시작됩니다. 인간이 만든 오래되고 매우 간단한 도구들 중에서 '문화'라는 개념을 말 그대로 실현하고 있는 도구가 무엇일까? '문화'는 '경작하다culture'라는 유럽어에 대한 근대적 번역입니다. 가장 근본적이면서도 넓은 의미에서 문화는 '자연이 아닌 인공적인 것'이라는 뜻을 가집니다. 이 책에서 했던 대답은 '식칼', 그중에서도 '과도'였습니다. 자연에 사는 동물들은 다른 먹잇감을 먹을 때 '그냥' 통째로 뜯어먹습니다. 그러나 인간은 자연 대상을 그대로 먹는 게 아니라 칼을 가지고 대상을 자르고 나누고 썰고 저미고 뜨고 가르는 형체 변형을 먼저 시도합니다. 형체 변형에 따라 요리를 하게 되는데, 형체 변형의 대상이 된 후 요리의 대상들은 동물이 아니라 '고기'로, 식물이 아니라 '야채'나 '과일'과 같이 인간의 관점에서 먹을 수 있는 '식재료'로 다시 인식됩니다. 저는 이러한 인식의 과정에서 가장 먼저 인공적으로 개입하는 도구가 바로 칼이 아닐까 생각했습니다.

그중에서 '과도'는 껍질을 깎아 냅니다. 이러한 관찰은 '인간은 왜 과일을 깎아 먹을까', 하는 두 번째 질문으로 이어집니다. 깎는 다는 것은 깎아 버릴 '껍질'과 남기고서 먹을 '알맹이'를 구분하는 일입니다. 이러한 구분 행위에 대한 인식은 다음과 같은 세 번째 질문으로 이어집니다. 깎아 버려야 할 '껍질'과 먹기에 알맞은 '알맹이'는 구분되는 것일까. 그리고 이 질문은 더 추상적이고 철학적인 질문으로 이어지는데, 이것이 바로 이 사고훈련의 최종 학습목표라고 할 수 있습니다. 추상도가 높은 이 질문은 이렇습니다. 중요한 것과 중요하지 않은 것, 현상과 본질, 쓸모와 쓸모없음은 구분되는 것일까, 그걸 나누는 것은 인간의 실용중심적 관점이 만든 임의적이고 가상적인 판단은 아닐까. 이 지점에서 이런 의문은 『장자』가 가르치는 '무용無用의 용用'으로도 이어집니다. 내가 가치있다고 여기는 것을 남도 가치있다고 여길까? 사람에게 쓸모 있다고 여겨지는 것이 다른 생명체에게도 쓸모가 있는가? 인간은 내가 밟고 있는 '부동산'만 중요하다고 여기는데 그 주위에 있는 다른 땅덩어리가 없다면 내가 밟고 있는 땅덩어리가 지탱될 수 있을까? 하는 식의 장자 식 물음으로 계속 이어집니다.

이 책에서 제가 다룬 사물 중에는 다음처럼 다소 과장되고 유머러스한 질문을 통해 문명적 사유의 대상이 된 것도 있습니다. 일상 사물 중에서 SF영화에 중요 도구로도 활용할 수 있는 원리를 차용한 물건이 있다면 무엇인가? 동시에 매우 '신화적이며 초자연적인' 일을 수행하고 있는 물건은? 이런 질문의 연속선상에서 이 물건에 대한 질문은 이렇게 변주되기도 했습니다. 인간이 만든 물건 중에 만약 동물들이 가장 끔찍해하는 것이 있다면 그것은 무엇일까? 여러분들은 매우 특별하고 강력한 공격적 무기나 첨단과학을 떠올리실지 모르겠지만, 이 책에서 제 대답은 의외로 '냉장고'라는 유용한 가전제품이었습니다. 제가 생각해 본 이유는 이렇습니다. 영화 《쥐라기공원》에서 멸종한 공룡을 오늘날에 되살리는 유전자 기술은 오래전에 죽었으나 호박 속에 들어가 썩지 않은 당대 생명체의 DNA 추출을 통해 이루어집니다. 모든 생명체가 '죽는다'는 것은 유기물이 엔트로피 원리를 거스르지 못하고 자기조직화를 해체하면서 썩는다는 것을 의미하지만, 요행히도 호박 속에 들어가 굳어 있던 유기물은 썩지 않은 상태로 있을 수 있다는 가정을 통해, 영화는 까마득한 과거에 죽은 생명체를 다시 살려낸다는 불가능한 이야기를 만들어냅니다.

이런 발상은 원리적으로 보면 먼 별로 여행을 떠나는 우주비행사가 냉동캡슐에 들어가 완전히 죽지 않는 가수면 상태로 외계 여행을 하는 SF영화와 다르지 않습니다. 쥐라기공원이나 외계 여행을 다룬 영화나 죽음과 생명 사이의 오묘한 경계에서 썩지 않는 시간성을 유지한다는 발상은 공통적입니다. 죽지만 죽음의 현상을 초월한다는 점에서 이것은 초자연적이며 신화적인 사건이라고 해석할 수도 있습니다. 그런데 우리가 쓰는 일상 물건 중에 이런 기능을 하는 물건이 있다면 믿어지나요? 바로 냉장고입니다. 냉장고를 열어보면 그 안에 들어 있는 물건들은 대부분 일용할 양식들이지요. 그런데 그것들은 바로 얼마 전까지는 자연에서 나고 자란 유기물, 생명체였습니다. 냉장고 속에 들어간 유기물들은 죽은 상태이지만 썩지는 않습니다. 죽었지만 완전히 죽지는 않아서 신선도가 어느 일정 기간까지 유지됩니다. 제가 왜 냉장고라는 물건을 동물들이 매우 혐오하는 물건이라고 생각했을까요? 이는 냉장·냉동 기술의 출현 이전과 이후, 지구상의 생태와 인간 삶의 모습, 산업적 구조나 음식문화가 완전히 달라졌기 때문입니다. 유기체가 죽어도 썩지 않는 기술로 인해 당장 필요하지 않은 대규모 유기물 포획과 저장 산업이 출현하고 광범위한 교역이 가능해졌습니다. 자연 상태에서 10년 이상을 사는 닭의 평균수명이 현재 산업문명에서는 불과 몇 달밖에 안 되는 이유도 그 때문입니다. 인간 삶에 엄청난 편리를 가져다 준 기술이 지구생명체 전체의 관점에서는 과연 축복일까요? 만약 인간과 인간 외의 생명체가 동등한 목소리로 자기 이야기를 할 수 있다면, 동식물들은 이 기술을 어떻게 평가할까요?

나아가 코로나 팬데믹을 겪으면서 저는 이런 생각을 해보기도 했습니다. 지금 많은 SF영화는 인간 문명의 미래를 매우 암울하게 그리는 경향이 많으며, 그 미래 풍경의 상당수는 엄청난 전염병의 창궐로 인한 인류 멸종 상황으로 그려집니다. 만일 그런 상황이 온다면 저는 그것이 특별한 상황 발생에 의해서가 아니라, 인간의 탐욕적인 문명의 식습관과 음식산업을 통해 올지 모른다고 예측합니다. 팬데믹과 같은 전 지구적 전염병은 인수공통감염병으로 오고 있습니다. 인간 아닌 다른 생명체와의 지나친 접근 상황이 문제가 되고 있으며, 동물의 몸에 기생하는 바이러스가 인간 몸으로 옮겨

오는 상황이 문제가 되고 있습니다. 코로나 팬데믹의 교훈은 인간 문명의 운영 방식을 어떻게든 전환해야 한다는 것이었습니다. 요즘 한 집에 두세 개씩 있는 냉장고를 보면서, 이 사물이야말로 오히려 우리가 생각해 보고 토론해 보아야 하는, 전환 문명의 방향을 압축하고 있는 상징적 사물이 아닐까요?

🖼 관찰과 질문만으로도 신을 만날 수 있다

이런 질문을 촉발시킨 사물도 있었습니다. '만약에 메시아가 인간이 만든 도구의 모습을 하고 있다면?' 이 질문은 저의 외국 여행 경험에서 만들어졌습니다. 저는 10여 년 전에 고등교육의 미래 설계와 관련하여 미국의 다양한 산업적 변화와 교육의 변화 상황을 자세히 관찰하고 인터뷰하는 출장을 다녀올 기회가 있었습니다. 그때 미국 동부의 뉴욕과 보스턴에서 대중교통을 타고 다니던 제가 서부로 가서 자동차 렌트를 한다고 하자, 동부의 미국 친구들이 건넨 스쿨버스에 관한 주의사항이 있었습니다. 미국은 스쿨버스 스톱표지판에 대한 특별한 법규가 있어서 도로에서 차를 뒤따라가다가 스쿨버스 스톱표지판이 펼쳐지면 옆의 도로로도 절대 추월하면 안 되고 반드시 서야 한다는 것이었습니다. 심지어 건너편 차선에서조차도 서야 한다는 것이었습니다. 그 사실을 주의받고 서부로 가 보니 과연 도로에 노란색 스쿨버스가 눈에 많이 띄었습니다. 그런데 정말 놀라운 것은 스쿨버스가 스톱표지판을 펼치는 순간의 풍경이었습니다. 뒤쫓아가던 차는 물론, 옆 차선으로 추월하는 차도 없이 모든 차가 다 정지하는 모습을 볼 수 있었습니다. 그러다 보니 스쿨버스 스톱표지판이 펼쳐지면 도로 위의 모든 시간이 마치 잠깐 정지한 것 같은 착각을 하게도 되었습니다.

이와 관련하여 제가 알게 된 사실 중에 미국에서는 일반 승용차의 강도보다 훨씬 강도가 센 강판으로 스쿨버스를 만드는 '스쿨버스 특별법'이 있다는 것이었습니다. 실제로 도로교통법도 그렇고, 자동차 제작과정도 그렇고 특별법을 적용하다 보니, 교통국 통계를 보면 스쿨버스를 탄 어린이들의 교통사고 사망률은 일반 교통사고 사망률에 비해 상대적으로 현저히 낮다고 합니다. 그때 저는 스쿨버스가 스톱표지판을 펼치면서 나타난 도로 위의 풍경이 흡사 '메시아'가 출현한다면 저런 모습이 아닐까, 하고 철학적으로 해석해 보았습니다. 독일의 철학자 발터 벤야민은 히브리 신앙에서 '메시아'를 정치 철학적으로 해석한 사람으로 유명합니다. 그는 메시아란 구원자로 오는 미래의 신인데, 메시아가 구원하러 오는 세상은 메시아가 보기에 마땅치 않은 세상이며, 그것은 현행 세계 질서-법이 정의롭지 못하다는 것을 뜻합니다. 그래서 메시아의 출현은 현행 세계 질서-법을 중단시키는 사건으로 나타난다고 해석합니다. 메시아가 중지-심판해야 하는 현행법은 그 법을 통해 수혜를 보는 기득권의 중단을 뜻하는 것이며, 현행법의 중지는 세계에서 법의 수혜를 보지 못하는 약자들을 보호하기 위해서입니다. 미국의 스쿨버스가 만드는 도로 위의 풍경은 모든 현행 교통법의 예외를 적용받으며, 도로 위를 질주하고 있는 그 어떤 강력한 성능의 차도 세우는 중지적 효과를 지니고 있습니다. 이 예외적 법 적용의 유일한 목적은 오직 하나, 스쿨버스에 탄 존재들이 매우 약한 존재이므로 보호받아야 한다고 합의했기 때문입니다. 특별히 약한 존재를 보호하기 위해서라면 모든 법 위에 있는 예외적 법을 통해서라도 '사랑'을 구현하는 것, 이것이 미래 공동체가 가야 하는 진화된 모습입니다. 일상적 풍경과 사물을 통해서 높은 이상과 철학적 원리에 대해 사유할 수도 있구나, 했던 것이 제가 이 여행을 통해 얻은 가장 값진 사물 경험이었습니다. 그리고 이러한 경험을 토론하고 탐구하는 과정을 통해 구체적 삶과 연결된 배움을 디자인하는 것이 살아 있는 교육이라는 생각을 더 절실하게 갖게 되었습니다.

우리는 평범한 삶을 구성하는 사물, 사람, 사건, 상황, 맥락, 기억, 문제 상황 등을 '책'으로 전환할 수 있고, 질문을 통해 일상을 철학적 사건으로 전환할 수도 있으며, 그 일상생활을 깊이 있는 토론과 의미 분석의 상황으로 전환할 수 있습니다. 삶을 '책'으로 전환한다는 것은 그 책이 내 이야기, 내 경험으로 이루어져 있으므로 특별한 탐구의 동기 유발의 대상이 된다는 뜻입니다. 그렇다고 이 사유-토론-학습 과정이 고도의 전문 지식과 많은 정보, 이론적 배경으로 시작될 필요는 없습니다. 얼마든지 내가 사는 삶, 맥락, 사소해 보이는 물건이나 풍경 등을 통해 추출된 경험을 되새김질하는 과정에서

도 가능합니다. 사물의 철학의 경우에는 창조적·비판적·가치지향
적 사유가 사물-삶 탐구에 동력이 되기는 하지만, 이러한 발상법이
나 태도는 '디자인적 사고'로 접근하는 미래교육의 관점에서 매우
의미가 있습니다.

스탠퍼드대학의 디자인스쿨D-school은 디자인적 사고를 미래교
육의 모델로 채택하고, 이를 교육과정으로 모형화하여 학교뿐만 아
니라 기업의 창조적 실용 교육에도 널리 전파하는 곳으로 유명합니
다. 스탠퍼드대학에서는 디자인스쿨을 다양한 전공 과정의 일부로
붙이기도 하고, 독자적인 수업 과정으로 운영하며 유연하게 활용
합니다. 그 배경에는 디자인적 사고가 특별한 전공 영역뿐만 아니
라 모든 교육의 일반적 원리로 활용될 수 있고, 디자인적 역량의 강
화 자체가 모든 미래교육의 목표 중 핵심이 되어야 한다는 생각이
깔려 있습니다. 교육에서 말하는 디자인적 사고란 궁극적으로 삶의
문제를 해결하려는 실천적 의지로 귀결되는 것이며, 이를 위해서
는 삶에 대한 맥락화된 앎이 필요하므로, 삶과 배움을 연결하는 교
육 디자인은 매우 중요합니다. 그러나 삶의 문제는 그냥 쉽게 발견
되거나 인지되는 것이 아니므로, 이 과정에서 제일 중요한 것은 내
가 무엇을 문제로 느끼는가 하는 문제 설정과 상황을 규정할 수 있
습니다. 문제를 발견하고 정의하는 일에서부터 창의성과 비판 능력
이 결부되며, 삶에는 여러 문제들이 얽혀 있으므로 그 문제들과 영
역의 앎이 연결되어 있어야 합니다. 이 연결을 위해서는 토론과 협

력이 필수적인 것이지요.

보통 미래교육이 목표로 하는 기본 역량을 비판적 사고critical thinking, 창의성creativity, 협력능력collaboration, 소통능력communication 등 4C로 요약하는데, 이것은 교육을 디자인적 관점에서 접근할 때 확실히 더 잘 이해되는 측면이 있습니다. 특히 협력과 소통은 교실 안에서 일방적 지식을 흡수하고 혼자 습득한 암기지식을 시험으로 평가하는 전통적 교육체계에서는 필요 없고, 절대로 키워지지 않는 역량이기 때문입니다.

007

시인들이 글로벌
IT·가전 기업으로 간 까닭은

📖 어떻게 경험을 디자인할 수 있을까

가까운 친구 중에 '경험 디자이너UX designer'라는 직함을 가진 친구가 있습니다. 오래전 처음 그를 만났을 때 그가 내민 명함을 받고 갸우뚱했습니다. '경험 디자인'이 뭐죠? 하고 물었습니다. 그때 는 그런 직함을 가진 사람이 별로 없었기 때문이지요. 사람의 '경 험'을 디자인한다는 말이 무슨 뜻인지 잘 이해되지 않았습니다.

"그걸 한마디로 설명하는 건 어렵습니다. 다만 함선생님처럼 문 학작품을 분석하고 비평하는 사람들과 비슷한 일을 하기도 합니다. 가전제품을 디자인하는 일에도 그런 시각과 방법이 필요할 때가 많 아요. 제 부서에 저와 같은 문학 전공자는 거의 없지만, 제가 학부 에서 불문학을 전공한 게 이 일에 특별한 노하우와 경쟁력을 제공 하는 경우는 많습니다."

알 듯 모를 듯한 대답이었지만, 막연하게 그 말을 이해할 것도 같았습니다. 그리고 몇 년 지나 제게도 재미있는 일이 일어났습니 다. 제가 『사물의 철학』을 출판하고 그 책의 관점과 방법이 제법 독서 시장에서 관심을 끌 무렵, 세계에서 가장 규모가 크다고 하는 삼성전자 연구디자인센터R&D Center에서 연락이 왔습니다. 삼성전자 디자이너와 엔지니어들에게 그 관점으로 시리즈 강의를 해 줄 수 없겠냐는 것이었습니다. 그때 비로소 저는 제가 쓴 책이 사물에 대한 인간 경험을 다룬 '경험 디자인UX design'의 인문적 버전일 수도 있다는 걸 깨닫게 되었습니다. 도구는 하나지만, 도구와 만나는 인간경험의 방식은 생각보다 다채롭습니다. 예컨대 '가위'라는 사물은 미용사가 사용하느냐, 학생이 사용하느냐, 식당에서 사용하느냐, 수술실에서 의사가 사용하느냐, 옛날의 엿장수가 사용하느냐에 따라 그 목적과 용도가 다 다릅니다. 맥락과 상황에 따라 사물의 의미도 달라집니다. 사용자가 다르니 당연히 한 사물에 대한 경험도 달라지겠죠. 심지어 같은 상황에서도 하루 시간대나 계절에 따라 물건의 사용 정도나 횟수가 달라지고, 연령대에 따라서도 물건의 사용 방식이나 그것을 대하는 정서가 다릅니다. 오늘날 제품, 특히 전자제품이나 자동차, 명품 등 가격이 비싼 물건일수록 제품을 디자인한다는 것은 제품 그 자체를 넘어 그것에 대해 사람들이 느끼는 감정이나 환경이나 맥락, 심지어 그에 대한 가치까지를 고려하는 복합적인 일이 되고 있습니다. 물건이 단순히 '하나의' 도구가 아니라 한 개인이나 가족의 삶 '전체'를 반영하는 취향이거나 유기적으로 연결된 가치의 문제와 결부되므로 단순한 기능성만을 고려하고 만들 수는 없습니다.

예컨대 지금과 같은 기후 위기 시대에는 가방 하나를 사더라도 환경 문제를 생각하고, 기능적 요소를 넘어 리사이클링이 될 수 있는지에 대한 가치의 차원까지 생각하게 됩니다. 가치는 브랜드 이미지에 직결되기 때문에 명품 패션 기업일수록 이런 점에 더 신경을 쓰지 않을 수 없습니다. '착한 소비' '착한 생산'이 의식 있는 몇몇 선구자를 비롯해 지구인 모두의 공동가치가 되어가고 있는 것입니다. 공동가치는 공동의 삶의 맥락과 산업적 환경, 시장의 조건을 형성합니다. 고가의 자동차 소파에도 오히려 가죽보다는 친환경성을 반영한 재질을 개발하여 장착하는 상황입니다. 물건이 기능적으로 고립된 것이 아니라 개인과 사회적 삶 전체의 생각과 밀접하게 '연결'되어 있는 것입니다. 우리는 이를 일컬어 디자인에 점점 더 깊이 개입되고 있는 '인문성'이라고 말할 수 있습니다. 인문성이란 결국 인간경험의 360°를 수용하려는 복합관점이라고 할 수 있습니다. 그런 점에서 '인문학의 죽음'이라는 말은 시대의 변화를 이해하는 정확한 사태 파악에 따른 반응이라고 하기는 어렵습니다. 그런 볼멘 목소리는 대체로 대학의 인문학 '업계'에서 나오는 이야기인데, 인문학의 수요가 죽어가는 것이 아니라 인문적 효용 방식이 달라지고 있는 것으로 이해해야 할 것입니다. 학문연구자들에게만 소용되고 원천 소스 생산자로 자처하는 고립된 '전공'으로서의 '정보 인문학'이 아닌, '관점 생산형' 인문학, 그 관점을 토대로 삶의 여러 생산 분야에 제공하는 협력적·연결형 인문학이 필요한 것입니다. 콘텐츠로서의 명사형 인문학보다는 접속형 콘센트, 즉 여러 부문 간 생산의 토대를 제공하는 충전기형·플러그형 인문학이 필요합니다.

삼성전자에서 저를 강사로 초빙해『사물의 철학』을 눈여겨 본 것도 그 때문이었습니다. 그 책이 도구를 기능적인 요소로만 이해하지 않고, 인간경험의 복합성이라는 차원에서 접근한 책이므로 회사는 이를 경험 디자인의 관점에 영감을 던져주는 책이라고 판단했던 것입니다. 제 친구가 '경험 디자이너'라는 직함을 갖고 있던 것에도 그런 이유가 있었던 것입니다. 더불어 문학은 인간 삶의 경험을 그 어떤 장르보다 섬세하고 구체적이며 나아가 미래의 관점까지 예감하는 측면이 있으므로, 아마 불문과 출신의 경험 디자이너는 그만의 독특한 역량을 발휘할 수 있었을 것입니다. 그리고 이제 그런 분야를 다루는 대기업에서 '경험 디자인'은 일반적 디자인 영역이자 '주류' 영역이 되었습니다.

▨ '이상한 나라의 앨리스'로
생활 서비스 디자인하기

    삼성전자에서의 경험은 이후 더욱 확장되어 저는 '삼성 디자인 멤버십'이라는 특수한 교육프로그램의 기술과 디자인 자문 및 튜터를 하게 되었습니다. '삼성 디자인멤버십'은 창업자인 이병철 선대 회장 때부터 내려오는 삼성그룹의 자긍심 있는 해리티지 교육프로그램입니다. 현재 이 교육프로그램은 삼성의 또 다른 규모 있는 교육프로그램인 SADI를 대체할 정도로 삼성전자를 대표하는 대외-대내 교육프로그램이 되고 있습니다. 달란트를 지닌 대학생들을 매년 수십 명씩 선발하여 디자인에 관한 특별한 교육과정을 장기적으로 이수시켜 디자이너로서의 잠재력을 일찌감치 키워주고, 대학 졸업 후 삼성전자로 입사를 원할 경우, 채용 혜택을 주기도 하는 프로그램입니다. 대체로 이 프로그램의 교육 자문 및 튜터는 해당 연도 교육프로그램 기획에 주도적으로 참여하여 프로그램 디자인에 관여하고 강의 및 운영에 유기적으로 참여합니다. 자문 및 튜터는 주로 산업공학 전공교수나 미대 또는 디자인학부 교수들이 전담해 왔

습니다. 인문학으로 훈련받은 문학평론가가 자문 및 튜터로 수용된
것은 처음이었습니다.

　이는 삼성전자가 전자산업과 IT를 이끌어가는 글로벌기업이라
는 선도성을 보여주는 동시에 지금 전자회사가 처해 있는 문명사적
상황 및 시장의 필요성을 보여준 사례라 생각합니다. 전자제품이
특정한 기능성 하나만을 지닌 고립형 사물이 아니라 주변 물건들과
연계되어 사용되고, 정보를 수용하고 메시지를 전달하는 디지털 시
장 및 IT산업의 맥락과 결부된 '초연결성' 사회로 등장한 것입니다.
선도적 기업에서는 제품을 고정된 하나의 물건이 아니라 생활 전체
와 유기적으로 연계된 '서비스'의 관점에서 이해합니다. 정확하게
용도가 정해진 물건을 팔기도 하지만, 삶에 대한 가치에 따라 삶을
부분적·기능적 요소로 나누기보다는 삶의 질 전체를 개선하고 바
꾸는 '웰빙'의 관점과 연결된 '서비스' 개발로 여기지요. 그런 삶-서
비스를 전체적 관점에서 팔아야 최고가 된다고 여기는 초연결 시대
가 도래한 것입니다.

　짧은 만남으로 끝나기는 했지만, 현대자동차 그룹의 제네시스
와 있었던 만남도 비슷한 맥락입니다. 글로벌 자동차 기업의 임원
이 문학평론가와 일대일로 만나 브랜드에 관한 전략적 관점에 관
한 문답을 주고받았던 일도 예전에는 생각할 수도 없는 일이었습니
다. '문학'이나 '철학'이 자동차와 무슨 관련이 있겠습니까? 그러나
자동차를 도시문명적 삶 전체와 밀접하게 연결된 '생활 플랫폼'이

라고 이해할 때, 인간 경험에 대한 깊은 탐구를 해온 인문학 분야는 무관한 분야가 전혀 아닌 것입니다. 이 일과는 별개로, 현대자동차에서 추진한 해리티지북 시리즈 프로젝트에 초대 편집장을 맡아 현대자동차의 역사와 미래 비전을 스터디하고, '포니pony'에 관한 책을 내는 데에[16] 필자이자 편집장으로서 참여하게 된 것도 모두 비슷한 맥락입니다. 자동차 전문가는 아니지만, 자동차를 총체적으로 바라봐야 하는 세상이 된 것입니다.

자동차는 한 분야의 산업적 이기를 넘어서 마치 전화기가 진화하듯 '모바일 플랫폼'으로 운영되고 있으며, 다양한 산업적·문화적 기술이 접목된 종합용품이 되어가고 있습니다. 자율주행시대의 자동차는 일종의 거주공간처럼 인식되어 건축가들이 자동차의 미래 디자인에 참여하는 일이 생겨날 정도입니다.

이런 시대에서 교육은 정보와 지식의 전달이 아니라 관점 자체를 발명하고 전환하는 창의성에 주목할 수밖에 없으며, 기존에 주어진 질문에 대한 답을 빠르게 찾는 교육이 아닌, 창조적 질문의 발명 자체가 학습목표가 되는 과정 중심 수업으로 강조점이 이동될 수밖에 없습니다. 물론 기존의 교육에서도 창의적 질문은 중요했습니다. 그러나 기존 교육에서 질문은 '대답'을 위한 과정이었던 데에 반해, 지금은 창의적 질문 그 자체가 직접적으로 산업 시장과 삶의 질 향상에 영향을 미치는 '목표'가 됩니다. 이런 상황 변화에서 분과 학문적 관점으로 하나의 답 찾기에만 골몰한 학생들이 선도적 역할을 하기는 쉽지 않습니다. 이때 교육은 영역 간 '연결'을 가능하게 하는 콘센트나 플러그형 지식으로밖에 이해할 수 없습니다. '인문'은 거기에서 콘텐츠로서보다는 관점형 접속지식으로서의 역할이 더 중요해집니다.

그렇다면 삼성 디자인멤버십의 튜터로서, '관점형 접속지식'의 제공자로서 저는 어떤 방식의 교육프로젝트를 진행했을까요? 저는 선발된 학생들에게 다음과 같은 과제를 내주고 관련 수업을 진행했으며, 그 결과는 그해 말, 포트폴리오로 만들어져 R&D센터에서 직원들에게 공개되고 전시되었습니다. 직원들뿐만 아니라 임원들도 방문하여 결과를 유심히 살펴보았는데, 그때 제가 현장에서 연구원들과 직원들에게 했던 짧은 인사말을 들은 모 디자이너가 이런 말을 하더군요. 삼성전자 R&D센터에서 이루어진 인사말 역사상 가장 문학적이고 융합적인 인사말이었다고요. 그때 학생들에게 내 주었던 제 과제는 루이스 캐롤의 유명한 소설 『이상한 나라의 앨리스』와 『거울나라의 앨리스』의 이야기를 바탕으로 혁신적인 생활 서비스를 디자인하라는 것이었습니다. 소설을 바탕으로, 그것도 동화를 바탕으로 글로벌 회사의 제품서비스를 디자인하라니요. 예전에는 상상하기도 어려운 과제였을 겁니다. 게다가 이 소설은 얼마나 유쾌하면서도 괴상합니까. '앨리스'는 단순한 동화가 아니고, 수학자였던 루이스 캐롤이 아주 정교한 방식으로 인간 경험을 전도시킨 역설의 논리로 썼습니다. 예컨대 앉아 있는 고양이가 울음소

리를 내는 것이 아니라, 울음소리가 먼저 난 다음 고양이가 나타난
다거나, 거울의 좌우 반전처럼 사건의 인과관계가 거꾸로 진행됩니
다. 연결성, 인과성, 논리성에 대한 상식적 사고를 흔드는 '놀이-게
임', 이것이 루이스 캐롤의 앨리스입니다. 그리고 이것은 바로 문학
과 예술이 가장 열정적이고 재미있게 만들어 낼 수 있는 고유한 달
란트의 세계이기도 합니다.

 무얼 굳이 즉각적 효능감이 느껴지게 만들지 않아도, 경험 세계
의 상식적 사고를 전환하는 것만으로도 삶의 질은 다른 방식으로
'진화'할 수도 있습니다. 최근 지식인뿐만 아니라 일반인들에게도
관심의 대상이 되고 있는 첨단과학인 양자물리학이 함의하고 있는
가장 의미심장한 바도 이와 크게 다르지 않습니다. '당신이 보고 인
식하는 대상과 방식은 당신과 연결되어 있다. 당신이 보는 것이 그
세계다. 당신이 보는 대로 삶은 그러한 방향의 다중우주를 형성하
며, 당신은 그 다중우주 속에 이미 살게 된다!'

📖 시인들이 설계한 로봇청소기

몇 해 후, 삼성전자와의 인연은 더욱 특별한 에피소드로 이어졌습니다. 회사의 실제 제품 디자인에 참여하게 된 것입니다. 사람들이 실제 사용하는 가전제품의 특성을 면밀하게 파악하는 스터디를 진행한 후, 삼성전자에서 생산 중인 모든 영역의 생활가전제품들을 '대화형 가전제품'으로 진화시키는 데에 필요한 음성매뉴얼 설계에 참여하게 된 것입니다. 이제 가전제품은 그냥 물건이 아니라 사용자의 경험을 기억하고, 사용자의 쓸모에 맞게 사용법을 효과적으로 가이드하고, 다른 사물과 연계를 도와주며, 심지어는 사용자와 가벼운 인사까지 나누는 '정서적 생명체'에 가까워지고 있습니다. 2023년 생성형-대화형 AI기술의 폭발적인 분기점에 의해 그때 제가 참여했던 음성매뉴얼은 다른 차원으로 도약하고 대체될 것이 확실시 되지만, 2020년 즈음 만들어진 삼성전자 대화형 AI 가전제품에는 매우 인문적이고 문학적일 만큼 섬세한 언어적 감수성을 지닌 음성매뉴얼이 탑재되어 있습니다. 이제는 지난 이야기라 공개할 수 있지만 무엇보다도 이 작업에는 저와 함께 몇몇 '시인들'이 공동으로 참여했기 때문입니다.

기계와 사람이 대화하는 글로벌 가전제품이 탄생하는 초기의 순간에 작가-시인들을 글로벌 전자회사가 선택한 것은 명확한 이유를 가지고 있습니다. 기술적 도구들이 단순한 기능적 효용성만을 지니고 있지 않고 정서적 사물로 진화하고 있기 때문입니다. 이때 제품의 종류에 따라서 사용자가 그와 만나는 경험도 부지불식간 다르다고 합니다. 그때 알게 된 사실인데, 손으로 움직이는 청소기와는 달리 로봇청소기는 한번 구입하면 낡아도 좀처럼 제품 교환이 일어나지 않는다고 합니다. 왜일까요? 조그만 물건이 여기저기 '스스로 움직이며' 작업을 한다는 특성 때문에 사용자들은 어느 정도 시간이 지나면 저도 모르게 로봇청소기를 살아 있는 '팻'이나 애완동물처럼 여기는 정서적 교환 관계가 발생한다고 합니다. 다른 물건들은 낡으면 버릴 수 있지만, 정서적 교환이 일어난 로봇청소기는 쉽게 버리지 못하고 '계속' 사용하고 '보호보관'한다고 합니다. 그러므로 로봇청소기의 음성대화 내용이나 톤앤매너는 냉장고나 에어콘이 내뱉는 소통 메시지와 달라야 하는 것입니다. 사물과 인간이 정서적 유대로 '연결'되었기 때문이지요.

또 세탁기를 켰을 때 세탁기는 사용자의 이전 사용 경험을 기억하고, 거기에 따라 적절한 사용 메뉴를 권장하는 음성메시지를 내놓도록 설계됩니다. 그런데 사용자의 이전 사용 기억을 정확하게 기억하여 너무 정교하고 단도직입적인 사용자 권유 메시지를 세탁기가 내놓으면, 사용자는 기계에 대해 놀랄 수 있습니다. 빨래는 속옷처럼 내 몸에 직접 닿으며, 잠을 잘 때 부대끼는 침구 같은 것이므로 사용자들은 부지불식간 훨씬 더 내밀한 사용자 경험의 인지로 이 메시지를 받아들이는 경향이 있다는 것입니다. 그러니 사용자는 기계의 단도직입적인 메시지에 '아니 기계가 이런 것까지 기억한다는 말이야?'하고 다소 섬뜩한 느낌을 가질 수도 있습니다. 정신분석학에서는 이런 말로 표현하기 어려운 섬뜩한 느낌을 '언캐니 uncany'라고 합니다. 사실 인간형 신체를 지닌 안드로이드 로봇 발명의 역사에서 '언캐니'의 문제를 어떻게 처리할 것인가, 하는 지점은 매우 중요한 철학적·윤리적 쟁점이 되어온 부분이기도 합니다. 기계가 너무 정확하고 똑똑하게 말해도 문제라는 것입니다. 그래서 이 프로젝트를 진행하는 과정에서 우리 팀은 회사와 토론하면서 이 점에서 관해서도 톤다운을 고려하게 되었습니다.

천장이나 벽에 매달린 에어컨을 켰을 때 에어컨이 사용자에게 전하는 날씨 인사는 냉장고나 세탁기와는 달라야 했습니다. 또한 집의 구조와 공간 배치에서 점점 더 중요해지는 홈키친의 중심 요소가 되는 냉장고가 하는 인사말은 천장에 붙은 사물인 에어컨과는 훨씬 더 다른 '가족적' 뉘앙스를 지녀야 했습니다. 문학평론가-시인들과 함께 하는 글로벌 가전회사 최초의 공동작업에서 책임 담당을 맡았던 협력 베테랑 UX디자이너는, 그래서 그 점을 고려한 톤

앤매너로 음성매뉴얼을 설계해 달라고 주문했습니다. 캐릭터를 고려하여 음성언어를 만들고, 사물에 대한 사용자의 미묘한 감성-심리 차이를 감안한 음성언어를 이들보다 더 적절하게 구현할 수 있는 이들이 있을까요? 그리고 실제로 이 작업을 수행하면서 느낀 점은 이 작업의 난이도가 대단히 높다는 사실이었습니다. 직업적으로 '말'의 문제를 다루는 작가-시인들에도 무척 곤혹스러운 탐구의 지점이 많이 발생했던 것입니다.

지금 인류가 처한 환경은 기술적 상황에 의해, 그리고 '웰빙'에 관한 인간욕구의 유례없이 까다로운 폭발에 의해 누구도 가본 적 없는 경로로 이동하고 있습니다. 이러한 예에서 보듯이, 현실의 기술적 상황은 전형적인 기술엔지니어들이나 산업 디자이너들이 독립적으로 감당할 수 없다는 사실을 분명히 지시하고 있습니다. 하지만 매직 같은 기술적 실현능력과 맞물려 일어나는 '웰빙'에 대한 새로운 관점과 환경 변화, 산업적 확장은 그 욕구 충족이 불가능한 것이라고 얘기하지는 않습니다. 사물이 전혀 상관없다고 여기던 문학적 감수성과 '연결'되면 상상력이 실제 현실로 가능할 수 있기 때문입니다. 물론 이런 방향의 욕구 충족이 꼭 필요한 것인가, 하는 질문을 하는 것 역시 인문의 또 다른 역할입니다.

이제는 생성형 AI기술이 과도기에 있었던 인문문학-기술의 실험 프로젝트를 대체하겠지만, 생각해 보면 지금 인류 역사상 가장 빠른 시간에 구독자를 모은 오픈AI의 chat GPT도 결국 '대화형 AI'입니다. 이 기술의 폭발성은 '기계어'가 아니라 '자연어', 즉 생활인의 언어로 대화하는 AI의 출현이라는 데에서 나옵니다. 사람들은 더 이상 AI를 공상과학영화의 소재가 아니라 일상의 모든 사물들 속에서 친숙한 자기 나라 생활인의 언어를 구사하는 변형 사물로 '직접' 만납니다. 이는 일상인들이 체감하는 효능감이 엄청나다는 것이지요. 그렇다면 이 기술이 어떻게 만들어졌겠습니까? 직간접적으로 이 기술의 진화에 기여한 가장 중요한 직업군들 중에 '언어학자'들이 있었다는 사실은 대단히 중요한 시사점을 안겨줍니다. 더불어 이것은 오늘의 기술적 진보와 삶의 진화라는 것이 '지적 다양성'을 바탕으로 한 공동협력, 지적 연결의 정교한 시스템을 설계하고 관철해 나가는 공부의 과정이라는 사실을 보여주는 것입니다. 그러므로 최첨단의 디자이너와 엔지니어들의 능력 역시 다른 부문과의 연결을 기획하는 능력이 부가될 수밖에 없습니다. 이제는 어쩌면 이 연결 능력이 훨씬 더 중요해질지도 모릅니다. 발상을 뒤집으면, 이 연결 능력을 지닌 사람은 대학의 재학 여부나 전공과도 상관없이, 누구나 디자이너와 엔지니어가 될 수 있는 시대가 왔다고도 할 수 있습니다.

그렇다면 가장 효능감 있는 미래학교를 만들어야 한다면 무엇을 학습하는 학교가 필요할까요? 아마도 그 학교에서 가장 중요한 교과 및 학습 디자인의 원리로 차용하는 것은 바로 '연결'이어야 할 것입니다. 학습 역량 중에서 가장 중요한 요소 역시 연결 능력일 것

입니다. 미래학교에서 요구하는 교사의 역할과 능력 역시 연결을
코칭 할 수 있는 능력임이 분명합니다.

008

코딩보다 중요한 인문예술수업

📖 다시 살아난 아리스토텔레스

앞서 얘기한 '사물의 철학'은 학습적 관점에서 삶의 구체성을 끌어들인다는 것이 어떤 방식으로 이루어질 수 있는지에 관한 제 아이디어를 공유하는 시간이었습니다. 특히 이 사고훈련법에서는 관찰자-사유자-학습자가 무엇을 문제로 보는가, 하는 '문제설정'이 중요했습니다. 그리고 이 문제설정은 근본적인 전제에 관한 질문과 연결되어 있습니다.

'빅퀘스천big question'이라는 말이 있습니다. 빅퀘스천은 전제를 흔드는 질문을 뜻하기 때문에, '사물의 철학'에는 사실 빅퀘스천이라고 할 만한 질문들이 적지 않습니다. 그리고 빅퀘스천은 이대로 계속 살 것인가, 하는 전환적 질문과 관련이 많기 때문에, 인문적 차원과 연결될 뿐만 아니라 미래에 관한 새로운 비전을 지향하고 있기도 합니다. 그러나 저는 문학평론가로 시작하여 사유와 글쓰기의 대상을 문명 전체로 확대해 온 문명비평가이며, 인생의 어느 시점에서 전형적인 대학 강단을 벗어나 미래교육으로의 전환과 확대를 모색해 온 사람입니다. 전통적인 인문학 방식 외에 중·고등교육의 장에서 공식적으로 새로운 연결성을 훈련받은 경험이 없으며 어떤 학문적 체계성을 띠고 이런 일들을 진행해 온 것도 아닙니다. 어쩌면 현재 얘기되는 미래교육이 아마 이런 어정쩡한 암중모색 상황 속에 있다고도 할 수 있을 겁니다.

하지만 전 세계적인 추세, 특히 첨단성의 상징이라 할 수 있는 미국의 몇몇 대학들의 모습을 보면 확실히 여러 학문 분야를 연결시키는 흐름이 미래학교의 가장 중요한 특징이라고 확신할 수 있습니다. 이 흐름을 '융합'이라고 하는데, 저는 뭉뚱그려서 '융합'이라고 하기보다는 인문성 또는 인문정신을 바탕으로 한 학제 간의 '연결'이라고 부르고 싶습니다. 여기서 중요한 것은 왜 이런 흐름이 생기냐는 것입니다. 한국의 대학들이나 교육 당국이 하는 정책의 큰 흐름을 보면 정작 달을 보지 않고 달을 가리키는 손가락만 쳐다보며 매번 손가락의 움직임 자체에만 예민하게 반응하고 매달리는 경향이 많습니다. 그래서 교육 정책은 매번 달라지는 콘텐츠를 좇아가는 트렌드 정책으로 보입니다. 손가락이 아니라 달을 보아야 할 텐데요.

저는 이 '달'을 '삶-세상'이라고 말하고 싶습니다. 문명의 추세, 다른 세계적 교육 선도 기관이나 학교를 관찰할 때, 달을 가리키는 손가락은 바로 삶-세상을 직접 연결시키려는 학교로의 이동으로 보입니다. 저는 이 흐름을 단순히 '실용성utility'이라기보다 '실천성

praxis'이라는 더 큰 범주의 차원에서 이해하자고 제안합니다. 실용성과 실천성의 차이는 무엇일까요? 아리스토텔레스적 관점에서 이야기하자면 실천적 지식은 공동체적 삶을 전제로 하며, 거기에는 가치지향적 태도가 녹아 있습니다. 다시 말해, 실용성이 단순한 도구적 유용성이나 효율성에 초점을 맞춘다면, 실천적 지식은 '좋은 삶'은 어떤 것인가, 하는 고대 그리스 이래의 오래된 윤리적 물음과 가치지향성을 내포하고 있습니다.[17] 그리고 놀랍게도 20세기 지식환경과 달리 21세기 지식환경은 첨단지식일수록, 지식과 자본가치 사이의 상관관계가 높으면 높을수록 실천성과 가치의 측면에 대한 까다로운 질문이 더욱 밀접하게 결부되는 경향이 강해지고 있습니다. 아마도 이는 첨단지식일수록 세계에 미치는 영향이 지대하고, 인류문명의 위기가 심각해 지고 있는 현 시점에서는 기업조차도 공동체적 가치나 지구문명의 책임성을 모른 채 할 수 없다는 현실 상황과 밀접한 관련이 있을 겁니다. 여기에서 특별히 강조되는 것은 미래학교의 학문 융합 또는 연결의 추세에 '인문성' 또는 '인문정신'이 바탕이 된다는 사실입니다. 인문성, 또는 인문정신은 인문학적 지식이나 정보와 같은 부분적 요소라기보다는 실천적 지향이나 관점, 가치지향성, 태도, 공동체성 등을 포괄하는 프레임적인 것이기 때문에 부문적 요소로 명확하게 환원되거나 인지되지 않을 수도 있습니다. 제가 '사물의 철학'에서 어떤 대상을 다룰 때 저 역시 그것을 인문학적 지식을 가지고 다룬 적은 별로 없습니다. 인문성이란 삶의 실천에 기반을 둔 종합적 관점이나 태도이기 때문입니다. 이런 관점에서 미래학교를 디자인한다고 하면, 인문학은 분과 단위적 차원에서 나누어지는 학제 구성의 부분적 요소라기보다는 스탠퍼드대학 디스쿨처럼 보편적 방법론과 관점의 툴을 제시하는 학습 영역의 기초과정처럼 제공되어야 할 것입니다. 또는 MIT 미디어랩 로비에 쓰인 글귀처럼 '기술을 인도하는 가이드로서의 인문적 시야' 같은 것이라고 할 수도 있겠지요.

이 얘기를 하기 위해서 우선 저는 미래학교에서 여전히 중요하게 다루어질 영역 중 한 분야가 '예술교과'라는 점을 의심치 않습니다. 단, 예술교과가 운영되는 방식 역시 종래와는 완전히 달라져야 할 것이라는 점을 전제로, 인문성의 문제가 예술교육과 어떻게 연결될 수 있는지 얘기해 보려고 합니다.

文 문화예술교육이 아니라 인문예술교육

저는 우선 전공으로서의 예술교육이 아닌 보통교육 과정, 특히 초중등학교에서의 미래예술교육을 '인문예술교육'이라는 관점으로 제안합니다. 여태껏 흔히 사용되어 온 '문화예술교육'이라는 단어와 이 개념은 전혀 초점이 다릅니다. 어쩌면 이것은 미래교육의 방향과 관련하여 가장 새롭고 중요한 지점일지도 모르지만, 동시에 모호하기도 한 개념입니다. 무엇보다도 '문화예술'이라는 말은 잘 써도 '인문예술'이라는 말은 잘 쓰지 않으니까요. '문화文化'와 '인문 人文'의 개념 차이는 무엇일까요? '문화'가 '인문' 개념보다 큰 개념이라는 사실에서 우선 실마리를 찾을 수 있습니다. '문화'의 반대어가 '자연'인데 비해, '인문'이라는 말은 원래 그리스어 파이데이아를paideia 라틴어인 후마니타스humanitas로 번역하고 이를 다시 한자어로 번역한 것입니다. 파이데이아는 '교양'이라는 말로도 번역됩니다. 특이한 것은 '인문'이라는 말은 근대 일본식 한자어로 치환된 여타 서양 번역어와는 달리 동양의 가장 오래된 고전 중 하나인

『주역』에 나오는 단어를 빌려 쓴 말이기도 합니다.

'인문'이라는 말의 기원에는 '교육' '교양'이라는 이념성이 핵심으로 자리잡고 있습니다. 고전주의 시대의 그리스나 고대 로마에서의 교육은 공동체적 이념과 분리될 수 없는 것이었습니다.『주역』에서는 '인문人文'을 '천문天文', '지문地文'과 함께 다루는데, '사람의 무늬' '하늘의 무늬' '땅의 무늬', 즉 인간의 무늬와 우주의 무늬를 조화롭게 이해하는, 고대 세계에 대한 이해가 스며 있습니다. 이러한 관점은 서양 고대에서 인간 지성을 우주적 지성의 일부로 이해하고, 인간의 삶에 우주적 균형의 원리가 구현되기를 바라던 헤라클레이토스의 로고스logos적 사고나 이에 영향을 받은 스토아학파의 윤리적 태도 같은 것도 비슷합니다. 철학적 기원에 있는 지혜의 교사 소크라테스에게 지-덕-행은 하나였으며, 그는 '행복에우데모니아'을 그것의 일치적 상태에서 찾았습니다. '후마니타스'의 라틴어 번역가로 알려진 로마의 사상가이자 정치가인 키케로 역시 스토아철학의 계보에 있습니다. 이는 '문화'가 가치중립적 개념인데 비해, '인문'은 가치지향적 개념이라는 사실을 암시합니다. 문화의 반대어가 '자연'이라면, 인문의 반대어는 '야만'입니다. 야만적인 것에 대한 개념을 어떻게 설정하며 이것으로부터 어떻게 해방될 것인가, 하는 것이 인류 진화의 과정이었던 것입니다. 그러므로 '인문'은 시대에 따라 그 내용을 다른 방식으로 채우면서 미래를 가리키는 진화적 추동성을 지녔으며 가치지향성, 공동체성을 띤 개념이라고 할 수 있습니다. 지금까지의 '문화예술교육'이 상대적으로 기능숙련적이고 정서지향적 교육에 초점을 맞춘 것이었다면, '인문예술교육'은 정신지향성과 가치지향성을 지닌 개념인 것입니다. 그렇다면 가치지향적이고 정신지향적인 교육에서 말하는 교육은 구체적으로 어떤 가치나 정신을 지향한다는 뜻일까요?

그것은 '인문'이라는 단어가 함의하고 있듯이 '사람다움'의 지향일 것입니다. 인문교육은 사람다움에 대한 성찰과 지향을 담고 있는 것이겠지요. 물론 이 '사람다움'은 뚜렷하게 요약되거나 고정적으로 규정될 수 있는 내용은 아닙니다. 인문적인 것으로서의 '인간다움'이란 인간에 대한 이해를 통해서 '인간다움'의 여러 측면을 살피고, 그것을 통해 인간다움의 여러 가능성이 공존할 수 있는 바탕을 마련하는 지적·정서적·포용성 같은 게 아닐까 생각합니다. 어쩌면 그것은 헝가리의 미학자 죄르지 루카치가 말한 '소극적 수용력 negative capability'을 지닌 '인간성', 즉 다원적 윤리를 내장하거나 지향하고 있는 것이라고 말할 수 있을지도 모르겠습니다.

📖 인문적인 사람은 너그럽다

인문학, 인문정신에 해당하는 영어 단어가 휴머니티즈humanities, 즉 인간적인 것의 복수형이라는 사실을 상기해 볼 필요가 있습니다. 즉, 인문은 그 자체로 다원성을 내포합니다. 인문人文이라는 한자어의 '문文'은 '글'을 뜻하는 것이 아니라 무늬를 뜻합니다. 무늬는 복수적인 것으로 나타나는 '패턴'입니다. 예전에 문체부-한국문화예술위원회의 인문 사이트를 설계하는 일에 참여할 기회가 있었는데, 그때 '인문360도'라는 이름으로 사이트 명이 채택되었던 것도 그러한 시각이 반영되었던 것이라 할 수 있습니다. '360도'는 내용이 아니라 시각입니다. 인문을 명사형의 콘텐츠로 보기보다는 사물과 세계에 대한 관점으로 접근하자는 제안이었습니다. 인문정신으로 잘 훈련된 사람은 어떤 품성과 어떤 '역량'을 지닌 인간형일까요? 제 대답은 '너그러운 인간'입니다. 시선의 복수성, 다원성을 수용한 사람은 강력한 에고를 장착한 도그마를 고집하지 않기 때문입니다. 그럼에도 불구하고, 교육-배움의 차원에서 '인간다움'에 대한 개념 설정은 어느 정도 맥락을 지닐 수밖에 없는데, 이 맥락의 중요한 기준을 '시대정신'이라고 얘기할 수 있습니다. 저는 '시대정신'은 역사의 도도한 흐름 속에서 한 시대가 갖게 된 시대적 과제이자 미래 전망을 포괄하는 보편적 가치지향성이라고 생각합니다. '시대정신'에는 시간적이면서도 공간적인, 즉 주체들의 역사와 삶에 대한 희망이 담겨 있습니다. 그래서 '인간답다'라는 말이 옛날에는 '짐승같다'라는 말의 반대어로 쓰였다면, 지금 같은 물신숭배문명에서는 '기계 같다'라는 말의 반대어일 수 있다고 봅니다. 같은 맥락에서 동아시아의 신분제 사회에서 인간다움은 공맹孔孟의 윤리처럼 전통적 지배계층의 윤리를 뜻하기도 했지만, 현대 민주사회에서는 세계 시민성 같은 개념을 포용하고 있습니다. 다시 말해 오늘날의 인문교육은 우리 시대의 시대정신을 직시할 필요가 있으며, 좋은 삶을 향한 사회구성원들의 공동 비전을 내포한 커리큘럼으로 설계되어야 합니다. 이렇게 볼 때 문화예술교육이라는 개념은 '문화'의 개념 안에 이미 '예술'의 의미를 포함하고 있으므로 동어반복적인 개념에 불과하며 내용이 없는 개념입니다. 그냥 '예술교육'이라고만 해도 된다는 뜻입니다. 문화와 예술은 동어반복적이기 때문에 '연결'할 것도 없습니다. 지금까지 초중등교육과정에서 '문화예술교육'은 해당 장르에 속한 예술적 표현을 능숙하고 적절한 상태에 이르게 하는 기술, 즉 그리스어 기술/예술techne 을 라틴어 번역인 '아트ars/art'를 구현하는 기술숙련과 표현중심교육에 초점이 맞추어져 있었습니다. 그러나 '인문예술교육'이란 '인문성' '인문정신'이라는 이념성을 실현하기 위해 예술적 표현이나 방법을 매개로 이루어지는 교육이라는 점에서 방향이 전혀 다릅니다.

프랑스혁명을 통해 인간해방의 이념이 인간성에 구현되지 못하는 것을 본 프리드리히 쉴러가 '예술교육에 관한 미적 편지'를 썼을 때, 이것이 바로 인문예술교육이었던 것입니다. 쉴러는 '아름다운 인간성' '인간이념' '교양정신'에 이를 수 있는 표현방법론이나 도구로서의 예술을 적극적으로 주장했습니다.[18] 쉴러의 관점에서 말하자면, 대학 이하 보통교육 과정에서 예술교육의 최종목표는 예술 장르의 기술적 숙련도, 예컨대 악기를 다루는 능력이나 회화 솜씨 그 자체보다는 그것을 통해 도달하려는 인문성, 인문정신인 것입니다. 미래학교에서는 예술교사가 반드시 악기를 다루는 숙련도가 높을 필요까지는 없으나, 반면에, 예술 장르의 기능적 숙련도를 지닌 사람이 예술교사라 하더라도 그들이 지닌 인문적 소양은 반드시 필수적인 것이 되어야 할 것입니다.

009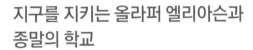

지구를 지키는 올라퍼 엘리아슨과
종말의 학교

📖 새로움 자체가 창의성은 아니다

이 지점에서 인문성 또는 인문정신과 예술이 연결된다는 것은 무엇이며, 또 가장 중요한 연결고리가 무엇인지 알아보고자 합니다. 여러분에게 '예술적 재능'이나 '예술의 목표'를 묻는다면 제일 먼저 어떤 단어가 떠오르시나요? 아마 많은 이들이 '크리에이티브 creative' '창의성' '새로움'을 떠올릴 것입니다. 이 말은 매우 일리가 있는 말입니다. 좋은 예술작품의 경우 대개는 '새롭기' 때문입니다. 여기에서 우리 예술교육은 더 이상 묻지 않고 넘어가는 까다로운 질문이 있습니다. '왜 새로운 것을 추구해야 하는가?' '왜 창의적인 것을 추구해야 하는가?'라는 질문입니다. 제가 이 질문을 하는 까닭은 이 질문의 반론에 대해 명백한 대답을 제시해 주지 못하기 때문입니다. 즉 새로운 것, 또는 창조적인 것의 추구가 그 자체로 긍정명제로 인정될 수 있다면, 반대로 새롭지 않은 것, 낡은 것, 오래된 것, 익숙한 것은 그 자체로 파괴해야 할 '절대 악'이라는 말에 수긍할 수 있어야 할 것입니다. 그런데 정말 그런가요? 오래된 것, 낡은 것은 파괴해야 할 절대 악인가요?

　새로운 것에 대한 강박, 유행에 대한 민감함은 식민지근대화와 급격한 경제개발사회를 경험했던 한국 사회의 뿌리 깊은 콤플렉스에서 비롯됩니다. 20세기 전후 구한말 신지식을 대표했고 '3·1독립운동선언문'을 쓰기도 했던 육당 최남선은 최초의 근대 인쇄기를 일본에서 수입해 와 출판사를 차리면서 그것이 곧 '현대'라고 생각했습니다. 당대 최고의 인기작가이자 문필가, 문화적 선구자로 이름을 날린 춘원 이광수는 일본의 새로운 군사제도와 교육제도 자체를 현대성이라고 여겼습니다. 그는 한글로 쓰인 최초의 근대장편소설『무정』의 말미에서 나라 잃은 시대를 진보의 낙원으로 묘사합니다. 그에게 새로운 것이 없는 조선은 '절대 악'이었으며 무조건 망해야 하는 나라였습니다. 작가이기도 했던 그는 새로움, 새로운 물건과 제도 자체를 창조성의 동의어로 보았습니다. 한국 사회가 오래된 것, 낡은 것을 쉽게 폐기처분하고 그 위에 새로운 것을 짓는 일, 그 자체를 창조적인 일로 여기는 경향이 있는 까닭도, 아마 이 오랜 역사적 콤플렉스에 뿌리가 있을 것입니다. 최초의 근대 종합운동경기장이었던 동대문운동장을 간단히 밀어버리고 그곳을 외국 건축가에게 의뢰하여 DDP로 대체하는 일이나, 새로운 식당이 문을 열면 미친 듯이 좇아가 줄을 서는 '먹방'의 행렬 역시 그 바탕에는 이런 콤플렉스가 있습니다. 그러나 그러한 식당들도 몇 년 지나지 않아 거의 문을 닫고 간판이 바뀝니다. 이러한 사회현상은 '창조성'에 대한 근본적 질문을 한국의 교육이 생략함으로써 제대로 각성시키지 못한 결과이기도 합니다.

저는 이 각성을 효과적으로 수행하기 위해 대학에서 수업을 시작할 때, 늘 비슷한 예시를 하나 들면서 학기를 시작했습니다. 첫날 수업에 들어오는 학생들에게 먼저 자기가 쓰는 노트에 별을 하나 그려보라고 합니다. 실행에 긴 시간이 소요되지 않는 그 질문에 대해 학생들은 재빠른 손으로 각자 별을 그립니다. 학생들은 어떤 모양의 별을 그릴까요? 대부분 이런 별☆ 모양을 그리지요. 열 명 중 여덟 명은 그렇게 그립니다. 그럼 저는 이제 세 가지를 학생들에게 반문합니다. 첫째, 여기 교실에 앉아 있는 사람들은 다른 얼굴과 다른 옷을 입고, 다른 취향과 다른 교육을 받아왔고, 다른 경험을 해왔는데 왜 모두 똑같은 모양의 별을 그리는가? 둘째, 여러분들이 그린 별은 실제 별의 모양과 같은가? 셋째, 별의 모양을 알면서도 왜 '모르는 척' 그렇게 그리는가? 그럼 학생들은 그제서야 겸연쩍게 서로의 별을 쳐다보며 웃습니다. 밤하늘의 별은 실은 둥글기 때문이지요.

이 간단한 실습과 질문은 우리가 지금까지 생략해 왔던 예술교육의 실책이 무엇인지, 문제점이 무엇인지 쉽고 분명하게 깨닫게 합니다. 우선 우리가 다른 사람임에도 불구하고 똑같은 생각을 하고 있다는 사실을 적나라하게 보여주며, 둘째로는 우리의 상식이 실재와 어긋난다는 점을 보여줌으로써 이른바 '상식'을 의심하게 하는 효과를 발생시킵니다. 우리가 얼마나 획일성에 갇혀 있는지를 드러내는 동시에, 상식이라고 알려진 것의 오류를 드러내고 있습니다. 이것은 데카르트가 모든 것을 의심함으로써 더 이상 의심할 수 없는 것들을 골라내고 더는 물어볼 수 없는 확실성을 근거로 '진리'를 정초했던 철학적 방법론과 본질적으로 다르지 않습니다.

그러나 이러한 질문 방법은 손으로 그려보는 방법, 즉 예술적 행위의 외형을 띠고 있습니다. 실제 거기에 그려진 것은 그림, 즉 이미지image이며, 제가 문제 삼은 것은 사물의 실재와 이미지 사이에 난 간극이므로 '미술비평'의 외관을 띠고 있기도 합니다. 이것은 예전에 제가 양자물리학자 김상욱 교수와 어떤 북페스티벌 대담 자리에서 나눈 대화에서 얻은 각성과도 통하는 면이 있습니다. 김상욱 교수는 그 대화에서 과학사가 보여주는 가장 중요한 깨달음 가운데 하나는, 위대한 과학적 발견은 거의 예외 없이 하나의 사실을 가리키고 있는데, 그것은 바로 위대한 과학적 발견이 '상식'을 자주 배반한다는 사실이라고 얘기했습니다. 상식과 사물의 실재 사이에 난 간극을 따져 묻고, 사물의 실재를 추상적인 그림을 통해 간명하게 나타낸 것이 바로 수학적 공리나 과학의 수식이라는 것이지요.

마지막 세 번째로는 이데올로기에 관한 것입니다. 철학자 슬라보예 지젝은 '벌거벗은 임금님'에서 진짜 주인공은 임금이나 아이가 아니라, 군중이라고 말합니다. 왜냐하면 이 이야기가 작동하는 것은 임금님이 벌거벗은 줄 알면서도 마치 모르는 척하는 군중들에 의해서이기 때문입니다. 이것을 그는 이데올로기라고 하는데, 순진한 아이의 역할은 이 이데올로기를 깨뜨리는 역할을 합니다. 지젝의 관점에서 보면 예술가의 창조성이란 이 아이의 역할을 수행하는 데에 있습니다.[19]

🔖 과학자, 철학자, 아이, 그리고 예술가-교사

데카르트의 철학적 의심이나 과학자의 탐구, 아이의 역할은 좋은 예술가가 작업을 통해 드러내는 '크리에이티브'와 다르지 않습니다. 흔히 예술가의 창의성이 무엇을 뜻하는지 학생들에게 물어보면, 예술학교의 학생들조차 '새로운 것을 만드는 능력'이라고 동어반복적 대답을 합니다. 그 대답을 듣고 나서, 제가 그럼 '오래된 것은 나쁜 것인가?', '왜 오래된 걸 파괴하는 능력이 창조적인 것인가?' 하고 되물으면 꿀 먹은 벙어리가 됩니다. 사실 그런 것은 아닐 것입니다. 거기에 대한 제 대답은 창조성의 핵심은 새로운 것을 만드는 능력이 아니라, '현존하는 세계의 인식론적 왜곡을 바로잡고, 보다 정확히 보는 능력'에 있다는 것입니다. 학생들이 별을 모두 똑같이 그렸다는 것보다 더 문제인 것은, 그 별이 실재 별과 다르다는 '사실의 오류'에 있으며, 알면서도 모르는 척하는 왜곡과 은폐의 태도에 있습니다. 사람들은 '상식'을 찬양하지만, 그 공통의 앎에는 마음먹고 따져보기 시작하면 충분히 믿을 만한 근거를 가지고 있는 것이 생각보다 많지 않음을 알게 됩니다. 예술가의 창조성은 실재와 머릿속에 그려진 이미지-인식의 간극을 문제 삼고, 그 틈을 비집고 들어가서 더 정확하게 보려는 인식론적 노력 속에서 발생합니다. 후기인상파의 그림들이나 피카소의 그림들이 그렇게 출현했고, 르네 마그리트의 괴상해 보이는 독창성도 모두 이런 노력의 산물입니다. 시인의 창작품인 시도 인식론적 산물이기는 마찬가지입니다.

이렇게 보면 인문예술교육이란 인문-예술의 공통적 속성을 인식하고 그 공통점을 적극적으로 연결하고 상호 활용하는 배움의 과정이라고 할 수 있습니다. 이러한 방법론의 기본 취지를 이해한다면, 인문예술교육은 반드시 유명한 작가의 작품을 통하지 않고서라도 얼마든지 학생들 스스로가 행하는 창작학습을 통해 구현할 수 있으며, 모든 것이 조형적 요소로 이루어진 일상 사물 세계에 대한 관찰과 그 관찰에 대한 비평·해석을 통해서도 충분히 가능합니다. 또 언어를 통해 이루어지는 세계 속에서 언어가 담고 있는 의미-이미지와 세계의 실재 사이의 간극 등을 물을 수도 있으며, 언어적 창작 행위를 통해 생활세계를 유쾌하게 변형하고 개입하는 시도도 가능할 것입니다. 무엇보다도 이러한 인문예술교육은 언어, 조형적 요소, 수리적 사고, 논리적 요소와 감각적 경험들이 분리되지 않는 삶의 실상을 인식하면서 문제를 도출하고 대답을 찾아가는 현대의 실사구시형 학습 과정으로 실현될 수 있습니다. 우리 시대의 시대정신이 평등·자유·공존·다양성에 기반한 시민 주체의 형성과 평화

롭고 민주적인 삶이라 할 때, 이 시대의 '인간다움'에 대한 질문을 다양한 형식으로 감각화하고 있는 인문예술교육은 중요한 시민교육의 방법론이라고도 할 수 있습니다. 더불어 미래학교의 차원에서 인문예술교육은 다음과 같은 이유와 방법으로 더욱 확장되고 발전해 나가야 할 것이며, 이미 문명사의 추세가 그런 경향을 강제하고 있음을 알아야 할 것입니다.

🔲 예술가는 우주를 품은 예술교사다

21세기 현대미술은 개념미술로 전환된 지 오래이며, 이념적·운동적 성격을 강하게 띱니다. 미술가들의 작업은 직간접적으로 세상의 이슈를 담고 작품은 세상을 향해 메시지를 던지는 사회 캠페인성을 띠고 있습니다. 예컨대 설치미술 분야에서 가장 높은 수준에 있으며 대규모 작품을 만들고 있는 아이슬란드 태생의 덴마크 작가인 올라퍼 엘리아슨은 기후 위기 등 환경 문제를 작업의 핵심 주제로 삼고 있습니다. 그의 설치 작업은 담론적 성격을 띠면서도 기술적 퍼포먼스를 통해 강력한 대중 메시지 효과를 불러일으킵니다. 그의 작업은 우리가 지금 얘기하고 있는 '연결', 그리고 '교육과 학교'라는 관점에서 매우 특별한 시사점을 띱니다.

우선 예술의 전통적 전시 공간이라고 여겼던 미술관을 세상과 자연, 더 나아가 지구 바깥의 우주로까지 연결시킨다는 점에서 유니크합니다. 그는 영국 테이트모던 미술관의 내부로 거대한 태양을 끌어들였으며, 어떤 전시회에서는 그린란드의 얼음을 직접 가져와 그것이 급격하게 녹는 과정을 관객에게 보여주고 체험하게 합니다. 그의 전시회 공간에서는 무지개와 우주 등 스케일 있는 자연에 관한 존재 경험이 늘 이루어집니다. 그는 테임즈강의 물을 녹색으로 만들어버리는 퍼포먼스 등을 통해 미술관을 밖의 세상으로 확장시키기도 합니다. 설치미술의 특징이라고 할 수도 있지만, 그의 작업은 인공적인 것과 자연적인 것, 가상공간과 실재공간 사이의 경계를 자연스럽게 해체해 버림으로써 예술의 가상성을 생생하게 현실화 합니다. 그것은 공간의 관점을 예술이 어떤 방식으로 연결하고 해체할 수 있는 지에 관해 매우 창조적인 예시를 보여주는 것입니다. 둘째로 그의 작업은 이 과정에서 '세계'라고 하는 개념을 '사회적인 것'으로부터 벗어나 우주적인 것으로 확장합니다. '자연'이라는 개념조차 인간을 둘러싼 '환경'이라는 가상 개념에 기초해 있기 때문입니다. 그의 시도는 인간이 우주의 일부라는 매우 큰 렌즈 확장성을 강조합니다. 셋째로 그의 작업에서는 물, 빛, 온도, 시각, 촉각과 같은 감각적 경험을 관객과 함께 한다는 상호반응적 요소가 대단히 중요합니다. 예술가의 작업은 예술가로부터 촉발되지만, 그것은 관객의 경험을 통해 계속 수정됩니다. 이것은 예술작품을 고정된 것으로 보기보다는 향유하는 경험적 주체에 의해 변형될 수 있는 텍스트로 보는 현대적 관점을 드러냅니다. 그의 작품 중에는 어떤 쪽에서 보느냐에 따라 다른 빛깔을 보게 되는 무지개 스펙트럼 작업이 있습니다. 이런 작품들의 효과는 작품이 만들어내는

'진리 체험'을 다양한 경로로 개방하고 앎과 지식이 그 자체로 존재하는 것이 아니며, 경험자들에 따라 달라지는 '의미' 수정체라는 사실을 깨닫게 합니다. 이는 책을 단지 저자의 의도를 전달, 수용하는 매개체가 아니라 독자의 경험에 따라 수정되는 의미 구성체로 여기는 '구성주의' 진리관·교육관과 매우 유사합니다.

　마지막으로 이런 그의 작업은 예술과 인문적 요소의 종합적 연결을 통해 구현된다는 사실이 중요합니다. 매우 이슈 중심적이기 때문에 사회적이며, 기술적 퍼포먼스는 이 이슈를 드러낼 수 있는 목적에 창조적이고도 정교하게 집중되어 있습니다. 그의 작업은 인문사회과학, 지구과학, 심리학, 테크놀로지의 연결이 만들어낸 종합 연구이자 표현입니다. 그 예술작품에는 관람객의 경험을 통해 구현하는 상호작용, 커뮤니케이션 적 요소가 핵심적으로 깃들어 있으며, 모든 작업의 구현은 예술가 개인의 천재성이 아니라 팀에 의해 만들어지는 '협력적 진리'의 과정인 것입니다. 그의 베를린 스튜디오나 아이슬란드 스튜디오는 미술작가의 스튜디오라기보다는 지구의 전반적 환경 문제를 데이터베이스화하고 이를 효과적으로 이슈화하는 연구소이자 캠페인 저장고, 메시지 송신소 같은 느낌입니다. 그에게서 예술은 삶-세상-우주와 직접 연결되고 있으며, 작가와 사회운동가는 구별되지 않습니다. 창작자는 연구자이고, 예술은 인문적 성찰의 지도하에 기술적 코딩과 긴밀히 연결되어 있습니다. 그의 무대는 가상과 자연을 넘나들며 이슈는 전 지구적입니다.

저는 그의 메시지가 매우 공동체적이고 가치지향적이므로 그를 교육운동가라고 해도 무방하다고 봅니다.

2018년 리움미술관에서 올라퍼 엘리아슨 전시회를 연 적이 있습니다. 당시 저는 리움미술관의 청소년 인문예술교육 프로그램을 디자인하고 강의하면서, 올라퍼 엘리아슨의 작업을 전체적으로 공부하고 그의 작업을 인문예술교육의 재료로 활용할 기회가 있었는데, 그 작업의 규모와 역동성, 공동체성, 실천성, 재정 규모 등에 크게 놀랐습니다. 그때 그의 작업이 전 지구적인 미래에 대한 연구를 통해 이루어지고 있었으므로, 그의 스튜디오가 바로 '미래학교'라는 생각을 떨칠 수가 없었습니다. 그의 작업은 예술가와 관객, 미술 공간과 세상, 인공적인 것과 자연 또는 우주, 예술적 순수성과 사회적 관심, 예술가와 교사, 지역적인 것과 지구적인 것, 놀이와 탐구, 전시와 참여, 표현과 경험, 창조와 해석, 예술공간과 연구실 사이의 전통적 관계를 허물고 이들을 '연결'함으로써 미래 창조성의 아이콘이 되었습니다. 이것은 그대로 하나의 인식론적 각성이라는 명확한 깨달음을 향해 조직되어 있습니다. 그의 스튜디오는 자신들이 왜 이런 작업을 하는지, 자신들이 어디로 가고 있으며, 왜 그곳으로 가야하는 지에 대한 이유를 명확히 하고 있습니다. 거기에는 창조성의 구현과 목표를 추동하는 어떤 '선의지'라고 할 만한 실천적 지향이 담겨 있습니다. 저는 '미래학교'를 설계하며, 가장 멋진 모델이 어떤 것일까를 생각할 때 MIT나 스탠퍼드대학을 떠올리기보다는 오히려 올라퍼 엘리아슨의 스튜디오를 늘 가장 먼저 떠올리곤 합니다. 이것이 미래학교가 아니라면 무엇이겠습니까?

▨▨ '미래 보장 이론'을 깨뜨린 종말의 학교

이와 비슷한 사례로 뉴욕 브룩클린에서 미술가 더스틴 엘린 Dustin Yellin에 의해 설립된 '파이오니아 웍스Pioneer Works'라는 공간을 떠올려 봅니다. 미래학교의 새로운 모델을 찾아 미국의 여러 기관을 방문하던 2016년, 저는 당시 설립된 지 얼마 되지 않았으나 뉴욕의 핫플이 된 이 기관을 방문하여 파운더를 만나고, 그 기관의 교육 디렉터와 긴 인터뷰를 한 적이 있습니다. 이 기관은 브루클린의 공장 지대에 있는 큰 공장을 매입하여 가든과 아티스트레지던시, 매번 모양이 바뀌는 개방적 전시장과 공연장을 만들었습니다. 매우 특이한 것은 파이오니아 웍스는 스스로를 교육기관이라고 칭했습니다. 당시 공간 내 과학자들의 레지던시를 운영하였고, 과학자와 예술가와 인문학자들이 협력하는 공동 대화의 장을 열고, 출판사를 운영했으며, 심지어는 내부에서 독특한 이름의 '학교'를 운영하기도 했습니다. 그 학교의 이름은 제게 매우 큰 인상을 남겼는데, 이름하여 '종말의 학교School of Apochalyps'였습니다.

이 학교는 정식 인가를 받은 학교가 아니라 인문적 성찰과 예술적 표현, 과학기술이 연결된 '미래학교'가 지향하는 프로그램을 갖춘 샘플 버전이었습니다. 학교의 이름에서도 알 수 있듯이 설립 목표는 지구공동체의 위기를 상징하는 다양한 지표들에 대한 인식과 표현, 메시지, 대화를 창의적이고 대사회적으로 구현하는 것이었습니다. '종말의 학교'는 기후 위기, 식량, 교육, 자원, 생태, 쓰레기, 전쟁, AI, 뉴미디어 등등 우리 시대가 직면한 다양한 위기를 종말의 관점에서 다룹니다. 과학자, 시인, 경제학자, 예술가, 기술 공학자, 엔지니어, 디자이너 등 다양한 전문가들이 그때마다의 이슈를 중심으로 대화하고 강의합니다. 이곳의 구성 요소들은 인간적 현실이 지닌 '종말'이라는 문제들을 사유하고 이슈화 하기 위해 '연결'됩니다.

파이오니아 웍스는 민간 펀딩과 더스틴 엘린의 사재로 운영되는데, 파운더인 더스틴 엘린은 자신의 예술 활동의 목표를 파이오니아 웍스의 운영을 위한 것에 둡니다. 거기에서 전 지구적 공동위기에 대한 대응과 메시지 송신은 가장 중요한 전략 중 하나였습니다. '종말의 학교'라는 컨셉은 기술주의담론에 빠져있는 한국의 미래학교 개념에 신선한 충격을 던져 주었고, 이후 제가 그리는 미래학교의 모델에 상당한 영감을 주었습니다. 그것은 시장주의 담론에 포획된 지금 세상에서 실제 예측되는 가장 유력한 미래 시나리오 중 하나가 '종말'이라는 사실을 교육 당국과 시장은 모르는 척, 당장의 과제가 아닌 것처럼 치부하는 듯이 보이기 때문입니다. 지속적 경제성장이라는 허구를 통해 산업과 시장 중심의 편향적인 성장 이데올로기를 양산하고, 그에 부합하는 직업인력 양성을 목표로 하는 일련의 교육과정을 '종말의 학교'라는 이름으로 선언하고 있는 듯합니다. 영국 브리스톨대학의 페이서 교수는 자신의 한 논문에서 이런 교육담론의 이데올로기성을 '미래 보장 이론'이라고 비판하기도 했습니다. 마치 미래가 산업 담론에 의해 보장받는 것처럼 얘기하면서, 교육 정책을 그에 맞추어 시장·산업의 이해관계를 대변하는 '산업정책'으로 둔갑시킨다는 날카로운 지적입니다.[20]

'종말의 학교'는 미래학교가 인문적 성찰에 근거해 실천을 연결시키는 장이 된다면 어떤 교육과정을 만들 수 있는 것인가에 대한 구체적인 생각의 전환 거리를 던져줍니다. 또 '인문예술교육'이 그저 가상적 교실에서 인간의 '자유'나 '창조성'을 추상적으로 천착하는 인간중심적 유희나 기능적 퍼포먼스 훈련이 아니라, 세상이라는 텍스트를 캔버스와 악기와 노트로 삼아 탐구하고 표현하고 송신하는 캠페인일 수 있다는 영감을 던집니다. 뉴욕의 '종말의 학교'는 벌거벗은 임금님 이야기에서 '아이'의 역할을 하는 학교인 것입니다. 철학자 니체는 『차라투스트라는 이렇게 말했다』에서 이런 아이야말로 미래의 인류라고 말하기도 했습니다.[21]

010

왜 세계 제일의 공과대학은 지금 음악수업에 몰입하는가

_ 미래 아이들의 학교 MIT 음악수업

📖 달을 가리키는 손가락, 테크놀로지

2019년 미국의 시사잡지 『타임TIME』은 MIT를 고등교육기관에서 예술·인문학 분야 2위로 꼽더니, 2020년에는 '사회과학 분야'와 '경제·비즈니스 분야'에서도 1위로 선정했습니다. '미래 아이들의 학교'로 불리는 세계 최고의 공과대학인 MIT는 학생 수 1만여 명, 교수와 교원이 2000여 명에 이르고, 노벨상 수상자를 90여 명이나 배출한 엄청난 교세를 지닌 학교입니다. 그런데 이 학교의 인문, 예술, 사회과학, 경제 및 비즈니스 교과가 1, 2위를 차지할 정도로 대단한 퀄리티를 가지고 있다는 사실은 생각보다 시민들에게 잘 알려져 있지 않습니다. 이것이 잘 알려져 있지 않다는 사실은 우리가 기술적 첨단이라는 것이 얼마나 각 분야의 연결성에 기초하고 있는지 잘 모른다는 사실을 보여주기도 합니다.

미래의 기술적 선도성을 주도하는 '미래학교'란 삶의 전체적 맥락에서 기술을 메타인지하는 시각이 매우 탁월한 학교를 뜻하며, 이러한 인지를 학습과정과 '연결'하는 학습 코딩 디자인 능력이 특별한 학교를 말합니다. 기술은 어디까지나 달을 가리키는 손가락이지 달이 아니기 때문입니다. 여기에서 기술이라는 손가락이 가리키는 달은 삶이며, 이 달은 항상 손가락을 비추고 있습니다. 손가락은 달보다 클 수 없으며, 더 밝을 수도 없습니다. 교육과정의 기술 영역이 삶보다 더 클 수도, 그 자체의 목표도 될 수 없다는 말이지요.

연구자들이 서로의 작업을 항상 볼 수 있도록 투명 유리창으로 된 300여 개의 연구실이 모여있는 MIT 미디어랩을 방문했을 때, 로비에 들어서자마자 보았던 설립자 니콜라스 네그레폰테와 제롬 와이즈너 교수의 문구도 이런 생각을 전달하고 있었습니다. 최근에 방문해보니 인테리어가 바뀌어서 다른 글들로 대체되었는데, 방문한 지 오래되어 그 문장이 정확히 기억나지는 않지만, 대체로 '기술은 항상 인문적 시야의 도움을 받아 인도되어야 하고, 인문은 기술적 도구를 통해서 자기 모습을 실현할 수 있다'는 취지의 문장이었던 걸로 기억합니다.

음악 저널리스트인 스가노 에리코가 쓴 『MIT 음악 수업』[22]은 세계 최고의 미래대학이 기술을 얼마나 넓은 의미에서의 '인문성', 즉 삶의 문제와 총체적으로 연결시키고 있는지를 구체적으로 보여주고 있습니다. 특히 이 책에서는 첨단기술이 어떻게 거리가 먼 것처럼 여겨지는 '예술-음악' 분야와 연결될 수 있으며, 미래학교에서 예술교육이 지니는 유니크한 측면을 다양한 실제 수업 사례를 통해 보여준다는 점에서, 그 요지와 인상적인 대목을 몇 가지 소개하고

자 합니다.

이 책에 따르면 2019년 MIT는 슈워츠먼 컴퓨팅 대학Schwarzman Computing College/ SCC을 설립합니다. 미래 관점에서 컴퓨팅의 활용 가능성을 다양한 학부와 연계하여 확대하기 위한 학부입니다. MIT는 SCC의 설립에 앞서 인문학, 예술, 사회과학 등의 다양한 분야에서 AI 또는 컴퓨터의 의미와 역할과 미래를 어떻게 보고 있는지 광범위한 질문지를 설계해 의견을 받았다고 합니다. 예컨대 질문자들에게 '전공 분야에서 볼 때 컴퓨터 연구에 반드시 넣어야 하는 것은 무엇인가?' '컴퓨팅 기술을 전공 분야에 활용하면 어떤 유의미한 변화가 있겠는가?'와 같은 식이었습니다. 이때 나온 대답들은 기술의 미래가 어떻게 광범위한 삶의 문제와 연결되어 있으며, 학문 간 연결성에 의해 기술의 방향이 얼마나 다양하게 열리고 확장될 수 있는지, 그리고 다르게 규정될 수 있는지를 잘 보여주고 있습니다.

◼◼ 하나를 지시하는 서로 다른 질문

　이때 정치학 분야 교수진은 빅데이터 결과만 중요한 것이 아니라, 데이터가 어떤 방식으로 구축되고 분석되는지, 데이터의 작성 기관과 작성 경로가 어떻게 되는지를 결정하고 파악하는 일이 매우 중요하다고 얘기합니다. AI나 기계학습은 도출된 결과가 어떻게 학습됐느냐에 따라 매우 다른 결과값을 갖기 때문이지요. 또 컴퓨터가 가져온 기술적 진보를 어느 선에서 수용하고 허용할 것인가 하는 문제에 대해 정치·역사·지배체제·이데올로기의 관점에서 연구가 이루어져야 한다고 조언합니다. 자동화가 노동 방식에 얼마나 영향을 미치고 있는지, 사이버보안 문제가 국가 간 관계를 어떻게 바꾸고 있으며, 투표데이터의 축적이 정치 진영의 미래에 얼마나 큰 영향을 주고 있는지에 관한 물음도 있습니다. 생체인식 데이터베이스화를 둘러싼 계층과 권력 문제, 데이터 복제 및 삭제, 온라인 판매 관련 인권 문제와 위법 행위 등의 사회과학 학과에서는 사람과 컴퓨터의 관계성에 대한 질문이 제기되었고, 문화인류학 분야에서는 컴퓨팅을 위한 연구설계모델에 있어 어떤 문화적 기준이나 계층적 표준을 설정했는가 하는 문제가 중요하게 제기됩니다.

역사학과 문학은 컴퓨팅이 제기하는 논리적 알고리즘의 현실성을 문제 삼습니다. 삶은 논리적 알고리즘이 아니며, 삶의 인과성을 이해하기 위해서는 역사적이고 문학적인 방식의 크리티컬 씽킹 critical thinking이 필요하다고 보기 때문입니다. 철학은 '왜?'를 늘 반문하는 분야이기 때문에 인공지능과 컴퓨터가 초래한 다양한 문제들을 근본적인 차원에서 논쟁적으로 제기합니다. 프라이버시 침해, 기계학습으로 인한 편견, 과도한 보안 또는 치안 유지, 디지털 정보화가 역으로 미친 민주주의 위기, 지적재산권 침해 등등. 특히 음악과 연극 분야에서 제기된 질문은 특히 인상 깊습니다. 예술 분야의 교수는 다음과 같은 취지의 사려 깊은 의견을 주었다고 합니다.

'예술은 인간의 창조적 영감과 감정을 표현하는 영역입니다. 그리고 이를 토대로 스스로 무언가를 만들어 내는 인간 경험 그 자체가 이 분야입니다. 컴퓨터로 대표되는 기술공학은 효율성에 초점을 맞추어 가장 효과적으로 목표에 도달하는 방법을 찾습니다. 그러나 예술이나 연극은 일부러 비효율적인 방법을 시도하거나 모순적인 방법을 선택하기도 합니다. 이 분야의 수업은 학생들에게 삶의 문제가 하나의 답일 수 없다는 사실을 일깨웁니다.'

SCC 설립을 위해 사전에 이루어진 이러한 학과 문답 또는 학문적 소통은 기술의 기반, 근거, 방향, 의미, 나아가 인간의 미래에 관해 다양한 관점과 전망을 열어놓습니다. 또 매출을 만들어야 하는 산업 영역이 아니라 학교에서 기술을 공부하고 도입한다는 것의 차이에 관해 깊은 성찰을 하게 합니다. 이 성찰은 질문을 만드는 학제 간 연결 그 자체만으로도 어느 정도 가능할 수 있다는 사실을 보여줍니다. 그렇다면 세계 최고의 공과대학에서 특히 몰입하고 있는 음악교육, 음악수업은 어떤 의미를 지니는 걸까요?

음악수업으로 인문적 이상을 엔지니어링하다

MIT에서 이루어지는 음악수업은 1) 문화·역사 2) 작곡·이론 3) 음악 테크놀로지 4) 연주 실기(퍼포먼스) 등 크게 네 영역으로 나뉩니다. 서양음악사 입문, 월드뮤직 입문, 아프리카 음악이 1)에 해당한다면, 화성과 대위법, 조성 음악 작곡, 20세기 음악 작곡, 재즈 작곡 기법 등은 2)에 해당합니다. 한편 3)에는 녹음기술, 믹싱, 마스터링, 사운드디자인, 오디오 알고리즘, 음악 프로세싱, 인터렉티브 뮤직시스템 등의 교과목이 있습니다. 4)에서는 오케스트라, 실내악, 재즈앙상블, 합창, 세네갈 드럼 같은 과목을 수강합니다.

우리가 지금 이 과목에서 이루어지는 다양한 수업 양상에 관해 자세히 설명하기는 어렵지만, 적어도 이 수업이 개별적 교과목의 차이에도 불구하고 어떤 공통적 교육목표를 통해 수렴된다는 사실만은 강조해야 할 것 같습니다. 그것은 '인문주의'가 갖고 있는 이상입니다. MIT 음악수업이 가리키는 최종의 '달'은 인간성에 대한 이해와 고양이라는 매우 전통적인 문화적 이상 또는 교육의 이상을 성취하는 것이지요. 그런데 MIT는 이 오래된 인문주의적 이상이 교육의 미래와 관련해서도 가장 첨단의 목표라는 것을 인식하고 있습니다. 물론 예전의 인문주의적 이상과 미래의 인문주의적 이상은 세상의 맥락이 달라졌으므로, 조금 다른 맥락을 갖고는 있습니다. 과거에 인문주의적인 것과 대비되는 자리에 '짐승'이 있었다면, 오늘날과 미래에 있어 인문주의적 이상의 도전은 '인간보다 더 인간적인 기계'와 어떻게 살아갈 것인가, 하는 등의 문제와 맞닥뜨려 있습니다. 그리고 이들은 이러한 인문주의적 이상을 '미래학습역량'의 차원에서 재해석합니다.

MIT는 미래를 VUCA(변동성volatility, 불확실성uncertainty, 복잡성complexity, 모호성ambiguty)로 이해하고, 이를 위해 필요한 미래학습역량을 1.자기 이해하기(메타인지) 2.다양성 존중하기 3.낯선 상황에 대처하기 4.융합하여 구상하기 등 네 가지로 규정하고 있습니다. MIT의 음악수업은 음악의 잠재성을 이 네 가지 미래역량을 위한 학습도구로 활용합니다, 예컨대 '자기 이해하기'를 인간만이 지닌 고유한 특징인 자기에 대한 존재물음, 존재감각이라는 철학적 질문의 차원에서 이해하는 것입니다. 이것은 신체감각, 신체반응과 밀접하게 관련됩니다. 그리고 음악은 신체감각을 유발하는 대표적인 매개물입니다. 가곡 수업을 통해서 목소리의 잠재성을 깨닫고, 오페라 수업에서 감정을 유발하는 다양한 계기가 있음을 이해하며, 자기 안에 나도 모르는 타자들이 '존재'함을 느낍니다. 감정과 감각은 미래를 향한 욕망이나 기대, 희망과도 관련되기 때문이며, 이는 공동체적 희망과 욕망에 대한 이해를 갖게 합니다.

월드뮤직입문 수업에서 추구하는 수업 목표는 '다양성 존중'입니다. 세상에 이토록 많은 음악과 음악적 감정이 존재한다는 사실은 절대화된 자기문화나 자기중심성을 해체하며, 존재의 이해와 다양성에 대한 감각을 생생하게 일깨웁니다. 시대가 변하면 음악의 양식, 형식, 구성, 청취방법, 표현방식이 완전히 다르다는 사실을 깨닫게 됩니다. 완결성이 높은 음악 체계에서조차 절대적인 고정 체계가 존재하지 않는다는 사실을 각성하는 학습경험입니다. 오케스트라 수업에서 얻게 되는 것은 '협력'의 의미이며, 협력은 그 자체로 다양성의 표현인 동시에 가장 탁월한 창조력의 원천이라는 사실을 깨닫게 됩니다. MIT 오케스트라 수업이나 오페라 수업의 특징은 전문적 수준의 재능을 지닌 학생들과 초보자들을 함께 공존시킨다는 것인데, 이는 최고의 혁신은 전문가와 초보자가 함께 일할 때 나온다는 스타트업 혁신철학을 바탕으로 한 것이지요. 더불어 이런 수업은 다양성의 기조 속에서 전제적 통일성을 이루는 경험을 추구함으로써, 역사와 문명의 커다란 흐름을 이해하고 이에 학생들의 인식과 의지를 통합시키는 훈련으로 작용합니다.

또 MIT 음악수업은 미래가 지닌 VUCA의 측면을 음악성 속에서 이해하고 대비하게 하는 효과를 갖습니다. 예컨대 조성음악작곡 수업에서 다루는 슈만의 곡은 예상을 뒤집는 곡의 전개를 보여줍니다. 곡은 질문을 거듭하며 예상치 않은 순간을 드러내는데, 이러한 갑작스러운 조성 흐름에 대한 학습경험은 인간 감정의 변덕스러움과 삶의 예기치 않은 전개, 지성으로는 이해하기 어려운 삶의 신비를 경험하게 합니다. 이것은 학습자로 하여금 수학공식이나 기계언어의 논리적 알고리즘과는 다른 삶에 대한 우발적 경험을 깊이 이해하게끔 유도합니다. 또한 불확실성과 불안정성은 창조적 도약을 예비하며 뜻밖의 문을 열게 되는 삶의 신비이기도 하지요. MIT 음악수업은 음악의 역사에서 중요 기원이 된 피타고라스 음계의 발견이라는 절대 원리가 논리적 추론이 아니라 '직감' 또는 '직관'이라는 불에 의해 순간적으로 지펴진 가설들이라고 해석하며, 이 음악수업을 통해서 이런 직관성을 훈련할 수 있다고 봅니다.

　더불어 그들은 음악에 담긴 장엄하고 숭고한 인간애와 인류애에 주목합니다. 베토벤의 음악과 드보르작의 교향곡에서 그들은 개별성과 개인성을 초월한 보편적 승화를 봅니다. 그것은 동시에 우리에게 행복이라는 정서를 느끼게 합니다. 개별적 창조물이 보편적 영향력을 발휘하여 인류를 위한 도구가 되는 것, 이것은 MIT라는 미래학교가 추구하는 실천적 정체성, 개교 이래 지속적으로 추구해 왔던 미래학교의 정체성과 잘 어울립니다. 그들은 테크놀로지는 개별적이고 일시적이지만, 테크놀로지를 통해 실현하려고 하는 인류적 비전은 훨씬 더 보편적이고 숭고하며 영원하다고 생각합니다. 그들이 그려나가는 미래학교는 궁극적으로 테크놀로지 즉, 기술을 이러한 인문적 비전 속에서 수용하고 운영하는 학교를 지향하며, 인문적 이상을 엔지니어링하고 있음이 분명합니다.

011

학교가 세상을 연결하는 몇 가지 방식

_ 미국 대학 혁신 랭킹 1, 2위 대학은 무엇을 연결하고 있나

📖 미네르바대학, 캠퍼스는 없애고 도시는 연결하고

미래학교 담론의 원천이자 실제로 실행과 실험이 활발하게 일어나고 있는 미국은 이래저래 어떤 것에 대해 랭킹을 매기고 발표하기를 좋아하는 나라입니다. 미국의 대학 서열 매기기는 전세계적으로 유명하며, 그것은 좋든 싫든 간에 세계인들에게 '좋은 대학'에 대한 관념을 형성하는 데에 큰 영향을 미쳐왔습니다. 당연히 그들은 '대학 혁신'이라는 기준을 마련하여 지금 전세계적으로 어떤 대학이 '미래대학'의 방향을 가장 잘 지시하고 있는지도 따져보고 있습니다. 그 중, 혁신성미래대학 부문에서 지난 10여 년간 번갈아 가며 가장 많이 1위와 2위를 차지하고 있는 대학이 있습니다. 전통적으로 유명한 아이비리그 같은 사립종합대학이나 윌리암스칼리지Williams College나 웰슬리Wellesley College 같은 귀족적 자유를 풍기는 리버럴 아츠Liberal Arts Colleges가 아닙니다. 교육에 대해 관심이 있는 분에게는 이제 어느 정도 알려져있지만 일반인들은 거의 모르는 신생 원격대학사이버대학 미네르바대학Minerva University이 그

중 한 곳이며, 공립종합대학인 애리조나주립대학이 또 다른 대학입니다.

이 두 대학은 제가 이 책에서 주장하는 미래학교 디자인의 가장 큰 줄기인 '연결'에 관한 문제의식을 가장 체계적으로 특화하고 있는 학교라고 할 수 있습니다. 그렇다면 어떤 연결을 어떻게 연결하고 있는 걸까요?

미네르바대학의 설립자는 벤 넬슨이라는 사람입니다. 그는 펜실베니아 대학교 와튼스쿨 재학 중에 교육혁명을 실현하는 학교를 만들겠다는 생각을 하고, 2012년 벤처 캐피탈에 2500만 달러 규모의 투자를 받아서 클레어몬트대학 소속 케크대학원연구소KGI/Keck Graduate Institute의 학부 프로그램 과정으로 미네르바 스쿨Minerva School을 설립했다고 합니다. 처음부터 독자적 학교가 아니었고 설립자가 자본가나 자산가도 아니었습니다. 그리고 2021년 WASCWestern Association of Schools and Colleges로부터 인증을 받아 정식 독립 대학으로 인가되었습니다. 인증을 받기 전까지는 KGIKeck Graduate Institute의 학부 프로그램으로 인정되었고, 졸업장 또한 KGI에서 받았으나 인증을 받은 이후에는 정식 독립대학으로 인정되어 미네르바 대학교Minerva University가 되었습니다.[23] 대학이 문을 닫고 대학의 위기가 논의되는 시점에 미네르바대학은 불과 설립 10여 년 만에 세계적으로 가장 성공한 미래학교 중 하나로 평가되면서 2022년, 2023년에 WURIWorld University Rankings for

Innovation 혁신대학 평가에서 1위를 차지했습니다. 현재 미국에서 가장 합격률이 낮은, 즉 가장 경쟁률이 높은 학교 중 하나로 알려져 있습니다. 미네르바대학은 규모가 크지 않은 소규모 원격대학이지만, 지난 10여 년 간 보통교육과 고등교육, 사립학교와 공립학교를 통틀어 가장 주목할 만한 학교로 평가되었고, 미래학교에 관한 상상력을 자극하는 데에 중요한 모델을 만들었다고 회자되었습니다. 대중적으로도 가장 노출도가 높은 미래학교이자 벤치마킹의 대상이 된 것입니다.

한마디로 이 학교의 운영 방법은 학교를 세상과 '연결'시킨다는 컨셉을 교육과정 전체에 유기적으로 실현시킨 점입니다. 미네르바대학의 모토는 '세계를 위한 비판적 지혜의 양성Nurturing Critical Wisdom for the Sake of the World'입니다. 근래 설립된, 혹은 자신들의 비전을 '미래대학'이라고 선언한 학교들의 특징은 학교의 비전을 명확히 설정하고 이를 위해 학교의 교과과정과 시스템, 환경 및 활동을 집중시킨다는 것입니다. 한국말로 번역되어 그 뉘앙스가 약화 되었지만, 여기에서 'for the sake of'의 의미는 매우 강력하게 '세계'를 '향해' 있습니다. 자기를 위한 학교가 아니라, 세계를 '구하기 위하여', 세계를 '지키기 위한' 비판적 지혜를 양성한다는 것입니다. 학교의 교훈과 교과가 별 관계 없이 분리되어 있던 그동안의 학교와는 달리 미네르바대학은 비전과 교과를 직접 연결하며 이를 실현시키기 위해 모든 걸 집중합니다. 그러므로 학교의 구성을 이루는 얼개와 요소들은 애초부터 세계와 학교, 학생을 이 시대의 방식에 맞게 가장 적절하게 연결하는 데에 초점을 맞추어 설계되어 있습니다. 미네르바대학의 대중적 성공을 이끌었고 그들의 방식을 가장 널리 알리게 한 세계 순환 캠퍼스 운영 교과 방식이 바로 그 대표적인 예입니다. 그들은 이것을 '미네르바 국제주의'라고 부릅니다.

미네르바대학은 캠퍼스가 따로 없으며, 샌프란시스코에 아주 작은 규모의 헤드쿼터가 있을 뿐입니다. 대신 세계 7개 도시에 기숙사를 갖고 있습니다. 그들은 지역 기반의 맥락화학습, 다문화적 경험을 바탕으로 한 몰입학습을 통해 삶에 실제 참여할 수 있는 시야와 삶·기술을 확보하려고 합니다. 미네르바대학은 삶의 기회에 노출되고 참여하는 것 자체가 학습동기를 부여하며 학습에의 몰입을 추동시키고, 지적 통찰력을 향상시킨다고 생각합니다. 그리고 그로부터 도출된 학습자의 능동적 학습행위에 의해 자기 삶과 사회적 삶 사이의 통합이 이루어지도록 유도합니다. 그들은 1학년 때는 샌프란시스코에서 역동적 사회트랜드와 혁신적 비즈니스 환경 및 활동을 경험하고, 2학년 때에는 서울과 인도 하이데라바드에서 공부합니다. 분단사회, 사회적 분열, 식민지 피지배의 뼈아픈 현실을 경험한 이 나라의 도시들이 엄청난 고도성장과 문화적 복합성 및 역동성을 발휘하고 있는 이유와 사회적 맥락을 생생하게 탐구하기 위해서입니다. 3학년 때에는 베를린과 부에노스아이레스에서 공부합니다. 이 도시들은 전쟁을 겪었고, 극심한 국가 및 사회 분열의 경험이 있으며, 성장과 폐허의 경험을 동시에 지닌 도시들입니다. 4학년 때에는 런던과 타이페이에서 경제적·문화적 역동성을 경험하며 학습합니다.

미네르바대학의 방식은 학교 혁신의 모델 중에서 가장 파괴적인 혁신을 추구하는 모델입니다.[24] '학교'라는 기존 관념이 특정한 공간에 지어져 있는 건물과 운동장과 교실, 교무실, 교수연구실을 뜻했다면, 미네르바는 아예 기존 학교의 전형적 관념 자체를 지워버렸습니다. 그 대신 미네르바는 학교를 '세상 속에' 구축합니다. 앞서 우리가 얘기한 교실의 가상성 관점에서 보자면 가상성을 개선한 것이 아니라 아예 가상성의 원천인 물리적 '교실'을 지운 겁니다. 그 방식은 기존 학교 시스템에 대한 철저한 반성을 통해 도출되었습니다. '건물-캠퍼스-부동산'을 유지하는데 쓰여지는 막대한 이 비용은 학생들의 학습능력을 성장시키는 일과 직접적으로 상관이 없다는 반성에서였습니다. 그들은 그 비용을 없애고, 대신 학생들의 학습 능력을 직접적으로 향상시키는 일에만 집중 투자해야겠다는 결론에 이르렀습니다.

📖 교사와 교실이 없어도 학교는 건재하다

그럼 교실을 없애면 교수-교사는 어디로 갔을까요? 미네르바대학은 교사의 문제를 전혀 다른 관점에서 바라봅니다. 우선 전통적 의미의 '교사'는 필요 없다는 게 미네르바의 기본 입장입니다. 교수와 교사가 필요 없다니요. 놀랄 일입니다. 학교라는 제도가 생긴 이래 최초로 교사가 없는 학교가 출현한 걸까요? 미네르바대학은 이제 정보-지식을 얻을 수 있는 소스는 세상에 널려 있고, 더욱이 기존 학교 교과서는 변화하는 세계 트랜드와 역동성, 실재성을 전혀 반영할 수 없다고 보았습니다. 더욱이 이들은 학생을 더 이상 수동적 학습자가 아닌, 주도적 학습자라고 여깁니다. 자기의 관심사는 자기가 가장 잘 알 수 있고 실천적으로 적용할 수도 있기에, 자기 관심에 관해서는 교사보다 학생이 더 뛰어날 수 있다고 본 것입니다. 그들의 평가 체계는 학교에서 부과하는 시험문제가 아니라, 자기가 원하는 삶에 부합하는 자기 문제를 스스로 탐색하고 꿈을 실현할 수 있는 프로젝트를 설계하고 실현하는 것으로 이루어집니다.

졸업 사정에 있어 가장 중요한 것은 실제 학습자의 학습 역량과 동떨어진 의미 없는 종이 졸업장이 아니라, 자신이 스스로 만든 프로젝트 포트폴리오입니다. 학교는 학생들이 자기만의 포트폴리오를 만들어가고 실천하는 데에 필요한 역량과 사회적 연결의 경로를 가이드하고 제공합니다. 도시를 이동하며 발생하는 사회적 문제와 삶의 문제를 현장과 연결하여 탐구하고 해결할 수 있도록 학습자의 역량을 지원하는 '연결 플랫폼'이 되는 것입니다.

학습자 역량을 키우는 기본 교과 단계 교육은 원격대학의 특징인 온라인수업을 통해 이루어지는데, 이 온라인수업은 기존 학교 수업에 대한 반성을 통해 이루어집니다. 미네르바대학의 온라인 학습플랫폼은 '액티브 러닝 포럼ALF'으로 불리는데, 여기에서는 정보전달이나 지식 전수가 아니라 학습자의 기본 역량, 즉 학습할 수 있는 학습 능력, '배우는 것을 배우는learning how to learn' 수업이 주로 이루어집니다. 특히 마인드스킬Habits of Mind and Foundational Concepts이라고 불리는 역량강화 토대강좌가 유명합니다. 교과로는 경험분석Empirical Analyses 다중커뮤니케이션Multimodal Communications, 형식분석Formal Analyses, 복합시스템Complex Systems, 통합학습ntegrated Learning 등을 운영합니다. 수업에 교사역할을 하는 사람이 있지만, 그의 역할은 전통적 교사·교수라기보다는 코치에 가깝습니다. '교사'는 수업 과정 전체에서 지극히 일부의 시간 분량으로만 '강의' 시간이 할당되어 있을 정도로 일방적 커뮤니케이션 교수법은 제한되어 있습니다. 수업은 이후 학생들의 발표와 토론으로 진행되며, 학습자들의 수업 참여에 대한 다양한 양상들이 데이터로 기록되고, 참여의 양과 질이 학업평가에 반영됩니다. 이 학교에서는 한 번에 시험을 보고 성적을 매기는 일은 없습니다. 과정중심평가가 전면적으로 도입된 학교가 미네르바대학입니다. 더불어 ALF가 디지털시스템과 교과 운영을 포함하여 매뉴얼화된 교육패키지로 설계되고, 이것을 운영하는 별도의 영리법인을 통해 개발되고 운영된다는 점도 눈여겨 볼만합니다. 시스템의 운영과 확산을 전문화함으로써 교육행정을 특화하고, 학교 행정을 교과과정의 사후적이고 단순한 지원이 아니라, 실제 교육 참여의 과정으로 수행하며, 여기에 경제적 생산성을 동시에 도출하는 기업−시장 메커니즘을 결합한 것입니다. 그들은 이 시스템의 라이센스를 세계적으로 판매하면서 자기 교육시스템을 교육적·사회적으로 재생산하고 있습니다. 현재 한국에서는 태재대학교, 한국에너지공과대학 등이 이 시스템을 참고하고 공식적으로 교류하고 있는 것으로 알려져 있습니다.

미네르바대학의 성공 요인은 전통 대학의 문제에 대한 철저한 반성을 통해 교육에 집중하는 교육중심대학, 학습자 중심대학으로 포지셔닝한 데에 있습니다. 학교 경영 및 재정에서 교육 외적 지출 요소들을 철저히 제거하고 학습자의 학습경험과 학습 역량 향상에 집중한 겁니다. 교과는 20세기 학교처럼 교육콘텐츠의 전달이 아니라, 학습자의 학습 능력 자체를 신장시키는 데에 집중하는 역량 중심 커리큘럼으로 운영되고, 학습자의 실제 문제해결 능력을 키울 수 있는 현장맥락화, 경험중심교육을 전면 도입했습니다. 또 이를 위해 학습과학의 최근 성과를 반영한 에듀테크 디자인을 도입했으며, 기술을 궁극적으로 무엇을 위해 활용할지에 대한 깊은 고찰 없이 도구적 차원에서 이해하며 우왕좌왕하지 않습니다.

또 한가지 인상적인 것은 지금 거의 모든 학교들이 외치고 있는 '글로벌'이라는 구호를 그들 방식으로 명확하게 규정한 것입니다. 교육에 있어 '글로벌'이란 무엇인가? 영어로 수업하는 한국의 '국제학교' 같은 것이 글로벌학교인가? 외국 명문대학으로 유학가는 학생이 많아지면 글로벌인가? 외국인 학생이 많은 학교가 되면 글로벌인가? 미네르바대학은 글로벌을 '글로벌 학습경험'이라고 결론 내렸습니다. 그것은 세상과 학습자를 연결시키는 맥락화 된 학습이고, 지적 다양성과 문화적 다양성을 학습경험으로 끌어오는 것이며, 그 방법이 바로 '연결'이었습니다. 그들은 공간과 사람과 문화를 학교와 연결했고, 학업의 과정을 일터교육, 인턴십과 직접 연결시켰습니다. 수업 과정은 그 지역의 다양한 공공기관, 기업, 시민사회 속에서 협력적으로 이루어지는 커뮤니케이션 과정으로 지적 다양성을 경험하고 실현하는 공동체와의 연결 과정으로 이루어졌습니다.

📖 교육행정이라는 미래로 가는 비밀열쇠

    법적으로 미네르바대학은 원격대학이지만, 그들의 온라인수업은 오프라인 수업의 온라인 버전이 아니라, 오프라인이라는 실제 현실을 준비하기 위한 사전 역량 강화 과정으로서, 교과 과정 전체가 매우 유기적으로 연결되어 있고, 학습자 맞춤형으로 설계되었습니다.

    더불어 학교가 학생의 직업적 연결을 돕고 사회적 성장을 지원하기 위해 운영되는 '미네르바 에이전시Minerva Agency'도 주목할 만합니다. 미네르바 에이전시는 입학부터 졸업까지, 졸업 후 첫 직장부터 CEO가 되기까지 직업적 커리어와 재능을 평생 관리하고 지원하기 위해 학교가 설립한 전문 에이전시의 독립법인입니다. 이는 종래 대학의 진로상담 수준의 소극성을 넘어서 학생들의 직업과 삶에 대한 관리를 통해 학교가 평생학습기관으로 나아가는 커뮤니티로 진화하겠다는 비전을 품고 있습니다. 졸업하면 학교와 학생의 관계가 끝나는 종래의 관계 모델과는 달리, 평생 졸업한 학생과 연결되는 학교가 되겠다는 야심이자 의지인 것입니다. 이것은 에이전시를 넘어 학교의 커뮤니티화를 촉진하고 있습니다.

마지막으로 이 학교의 인사조직에서 특히 눈에 띄는 것이 '최고경험관리자Chief Experience Officer'입니다. 학생의 경험 관리 영역을 매우 중요한 학교 관리 영역이자 특별한 위상을 부여한 행정조직으로 설계한 것입니다. 종래 학교가 학생에 대해 가진 정보라고는 좁은 의미의 학습평가가 전부입니다. 학교는 학생이 학교에서 어떤 다양한 경험을 하고 있는지, 그 성장의 맥락과 깊이를 잘 모릅니다. 미네르바대학은 학교의 디자인에 있어 학생의 관점에서 학생 경험을 분석하고 경험하며, 학생 경험의 구체적인 측면을 기록하고 이해하면서 경영에 반영한다는 전향적 관점을 도입한 것으로 보입니다. 그들이 교수 평가 기준에 교수의 '연구'를 중심에 놓지 않고, 교육자로서의 평가를 중시하는 것도 이와 맥을 같이 하며, 이것이 그들이 학습자 중심대학을 떳떳하게 선언할 수 있는 이유이기도 할 것입니다.

여기에서 강조하고 싶은 것이 있습니다. 이러한 혁신적 학교 설계가 실제로 가동되기 위해서는 학교의 핵심 구성 요소를 학습자-교사·교수로 바라보는 관점에서 학습자-교육행정-교사·교수로 전환해야 한다는 사실입니다. 이런 형태의 미래학교에서 교육행정은 관리와 지원을 하는 종래 학교조직의 일부가 아니라 '전략과 기획, 운영, 지원, 협력'을 유기적으로 디자인하고, 교사와 학습자를 매개하며, 학습자의 참여적 교과 운영을 실현시키는 학습 실행자의 역할을 하는 것입니다. 이는 교육행정이 교과과정에 실제 참여하는 핵심 요소가 되기 때문입니다. 미래학교에서 교육행정에 대한 새롭고 특별한 인식 전환이 없으면, 미래학교는 실제로 운영되기 어렵습니다. 지금까지와는 전혀 다른 커리어와 역량이 교육행정에 도입되어야 하며, 내부적으로 그에 적합한 인력을 양성해야 하기도 합니다. 미네르바대학에서 전임교수 비율이 상대적으로 낮은 대신, 많은 교육예산을 혁신적인 행정시스템 구축에 쏟는 이유이기도 합니다. 이것은 중등교육이나 고등교육을 막론하고, 교육 부서의 책임자를 '순환 보직'의 수준에서 해결하려는 관점의 전환이 일어나야 함을 뜻하기도 합니다.

애리조나주립대학, 모든 이를 위한 학교

애리조나주립대학Arisona State Unversity은 1885년 설립된 미국 애리조나주 템피에 위치한 공립종합대학입니다. 템피 외에도 웨스트 캠퍼스, 다운타운 피닉스 캠퍼스, 폴리텍 캠퍼스, 레이크 하바수 컬리지 등 5개 캠퍼스를 두고 있는 대형 연구중심 종합대학입니다. 전통있는 주립대학으로서 여러 공립학교 중 하나로 분류되었던 애리조나주립대학이 교육 혁신가들에게 주목받게 된 것은 미국에서 최근 10여 년간 가장 혁신적인 대학교 1위로 계속 선정되면서부터입니다. 전통적 종합대학이 혁신성 부문에 선두를 달리는 경우는 흔치 않기 때문에 주목 받기도 했지만, 아이비리그 중심으로 미국의 대학을 이해하는 협소한 관심과 정보 때문에 한국에서 애리조나주립대학의 혁신성은 일반인들은 물론 교육관계자들에게도 거의 알려져 있지 않았습니다.

이들의 혁신성은 그들 스스로 자기 대학의 포지셔닝을 '미래대학'으로 선언하고 그에 맞추어 엄청난 역동성을 발휘하여 이를 실현시키고자 하는 집중적인 노력에서 나옵니다. 이 미래학교로의 혁신 방법과 방향은 전적으로 학교와 세상을 연결하는 것으로, 스케일의 확장 규모가 엄청납니다. 미네르바대학이 작은 대학으로서 학교 운영 방식에 유연성을 발휘하여 기존 학교 제도의 형식을 파괴했다면, 애리조나주립대학의 혁신성은 기존 학교 체제를 유지하면서도 학교의 영향력을 사회적으로 확장하고 교육 수혜자를 대폭 확대하는 연결의 스케일 업scale up에서 나옵니다.

'OECD 2030' 교육보고서가 제시한 미래학교 시나리오라는 관점에서 보면 애리조나주립대학은 시나리오3에 해당하는 '학습 허브로서의 학교'를 지향합니다.[25] 애리조나주립대학은 놀랍게도 '모두를 위한 학교University for All'라는 모토를 내걸고 학교의 대중화, 사회화, 공유화를 선언했습니다. 마이클 크로 Michael M. Crow 총장의 '제5의 물결The Emergence of Fifth Wave'에 따르면, 그들의 새로운 학교 비전은 상위 몇 %의 엘리트에게만 집중되는 대학 체제에 관한 비판적 의식으로부터 출발합니다. 만일 대학 시스템이 아이비리그 같은 상위 대학 모델 방식으로만 운영된다면 더욱 까다로운 방식으로 엘리트 학생들만을 모집하게 될 것이며 대학은 시민적 정체성과 시민적 공동체성으로부터 유리될 것이기 때문입니다. 그래서 애리조나주립대학이 주목한 것은 엘리트학습자가 아닌 더욱 보편적인 '시민학습자'이며, 고등교육의 열망을 지니고 있으면서도 여러 가지 이유로 교육의 혜택을 받지 못하는 시민들입니다.

2교시 ○ 초연결 하려는 무엇을 연결하고 어떻게 배우나 애리조나주립대학은 종래 어떤 개인적 이유로 학교와 연결되지 못한 이 수요를 잠재적 학습자들로 보고, 이들과 연결할 수 있는 대담한 학교 디자인과 발상 전환적 프로그램을 설계하고 실천합니다. 이를 위해 사회적 경제적 배경의 제약과 직업적 제약을 넘어서 '세계적 지식'에 접근할 수 있는 실질적이고 다양한 경로를 설계하면서, 학령인구에 대한 전통적 사고 개념을 혁파하고, 직장에 다니는 시민들의 고등교육 수요를 촉진, 재교육을 위한 평생학습기관으로의 정체성 확장 및 병행을 추진합니다. 이를 총장 마이클 크로는 '제5의 물결'이라고 부릅니다.[26]

그 대표적인 예로 스타벅스, 우버 등 미국의 대표적인 기업들의 직원들이 애리조나주립대학의 온라인수업 과정을 통해 대학 졸업장을 받고, 학교와 직장이 직원들의 고등교육을 경제적으로 지원함으로써 실제로 수업료 없이 대학에 다닐 수 있는 혁명적인 학교 진학 경로를 설계하고 실천하고 있습니다. '스타벅스 대학 프로그램'으로 2017년 기준, 1,000명의 스타벅스 직원이 대학 졸업장을 받았고, 이 프로그램은 2025년까지 25,000명의 직원들이 프로그램을 이수하는 것을 목표로 삼고 있다고 합니다. 학교 경영의 관점에서 보자면 학교는 기업과 파트너십을 맺고 그들을 상대로 교육적 수요의 확장과 지속가능성을 모색하는 것이라고 볼 수 있습니다.

📖 포용적 학교, 훌륭한 학교를 디자인하기

더불어 학교 입장에서 이는 학령인구의 변화에 주목한 새로운 학생 자원의 개척을 의미하며, 고등교육 수요의 확장, 전 연령을 대상으로 한 대학의 평생학습 기관화를 뜻합니다. 또 학교와 일터가 연결되는 일터 교육의 의미를 갖습니다. 평균수명도 늘어나고 전 생애에 걸쳐 일자리도 변화하며, N잡러, 업스킬링up skiling과 리스킬링reskiling 등 불어나는 직업교육 수요를 고등교육의 수요와 연결하는 것입니다. 이 과정은 온라인수업이 어떻게 오프라인 학교와 만나는 가에 대해 성공적인 연결 시도를 보여줍니다. 미국처럼 면적이 큰 나라에서 장거리 이동이 힘들고, 시간이 부족한 직장인들에게 온라인을 통해 손쉽게 이루어질 수 있는 학위과정과 세분화된 마이크로프로그램을 도입함으로써 학교의 문턱을 훨씬 더 물리적, 경제적으로 낮출 수 있게 된 것입니다. 이를 위해 이 학교의 온라인 시스템은 혁명적일만큼 기술적으로 고도화되고, 맞춤화되어 있습니다. 특히 최근에는 AI를 그들의 교육목표와 비전에 활용하기 위해 교육공학적 진화에 전력을 기울이고 있는 것으로 알려져 있습니다. 아예 온라인교육 전담기구를 설립하고 이를 독립적인 법인으로 만들어 전문 교육회사처럼 운영한다는 점도 특징입니다. 학교 운영의 효율성을 위한 대담한 전문화, 유연성이 돋보이는 부분입니다.

애리조나주립대학의 홈페이지에는 '인생의 모든 단계에 있는 모든 학습자에게 그에 맞는 학습서비스를 제공한다'는 모토가 올라와 있으며, '시민대중을 위한 수업'을 선언하고 있습니다. 세상과의 연결을 위해 학교의 방향을 완전히 전환하고 있는 그들은 학령인구에 대한 기존 관념을 뒤집어 이미 졸업한 시민들을 향해서도 대학의 문호를 열고 있으며, 보통교육 과정에 있는 초중등학교와도 긴밀한 연결을 맺고 있습니다. 대학이 고등교육으로의 업그레이드를 위해 초중등교육 과정 학생들의 준비 과정에 도움을 주어야 한다는 것입니다. 애리조나주립대학의 성공 요인은 적극적으로 '모두를 위한 대학'이라는 학교 비전을 시대에 맞는 실제 학교 운영 전략으로 채택하고 그 실현을 위한 개방성과 창의성과 실천성을 최고 수준으로 발휘하고 있다는 데에 있습니다.[27]

애리조나주립대학은 '모두를 위한 대학'이라는 비전을 설정하고, 이것이 뜻하는 바가 무엇을 함의하는지에 관해 치열하게 토의한 후, 정체성 형성을 위한 3개의 빅퀘스천을 던졌다고 합니다. 첫째, 주립대학, 즉 공립학교로서 우리 학교는 사회에 무엇으로 기여하기를 원하는가? 둘째, 우리 대학은 어떤 방법으로 사회에 기여할 것인가? 셋째, 학교가 미래대학으로의 전환 과정을 통해 최종적으로 어떤 정체성을 원하는가?[28] 이 질문은 학교 혁신의 필요성에 관한 질문이 어디로부터 촉발되는가? 즉 '질문의 근거에 관한 질문'을 발본색원적으로 묻는 메타질문이라는 점에 중요성이 있습니다. ASU는 변화의 요청이 대학 내부가 아니라 대학의 외부 또는 상황 변화에 초점을 맞춘 근본적 질문이라는 사실을 명확히 인지하고 이를 받아들일 수밖에 없다고 판단했습니다. 즉 대학이 자기 사회 또는 자기 지역에 어떤 역할을 해야 하며, 할 수 있고, 하고 싶은가? 대학은 사회와 현재 어떤 관계 설정을 하고 있으며 어떤 조건을 가지고 있는가? 학생들에게 지금 우리의 교육 방법은 흥미로운가? 교육 과정은 효과적인가? 또 실용적인 차원에서 기업과 기관들은 대학 졸업자에게 어떤 능력을 실제로 요구하는가? 등등의 질문입니다. 이러한 질문들은 고등교육에 관한 목표와 동기, 정체성에 대한 전면적 재설계를 뜻합니다.

요약하건대 애리조나주립대학은 고등교육의 목표를 좁은 의미의 '학습'에 두기보다 일정 연령기부터 사회구성원으로 성장하는 전 과정을 학습자의 성장 과정으로 이해하고, 어쩌면 인생 전체를 학습의 과정으로 수용하고 관리한다는 대담한 목표를 설정합니다. 또 대학이 추구하는 고등교육의 목표를 학생 성장에만 두는 것이 아니라, 사회적 기여와 공공적 가치 실현 및 참여에도 두었습니다.

이렇게 될 때 전통적인 연구중심 조직으로서의 학교조직은 사회적 확장을 위해 필요한 새로운 조직으로 전면 탈바꿈되며, 행정조직과 교과과정은 전혀 다른 모습으로 진화합니다. 또한 '모두를 위한 학교'를 만들기 위해 학습 접근권과 효율성을 높이기 위한 다양한 경로를 설계했습니다. 초중등교육을 끌어안고 디지털 고등학교 과정을 운영함으로써 전통적 고등학교, 대학교 모델을 쇄신하고 연결하는 새로운 모델을 보여주고 있는 것이지요. 더불어 지역사회와 결합하고 고등교육으로의 진학상담 및 진로교육을 적극적으로 지원하며, 다양한 일터교육을 운영하고 있기도 합니다. 홈페이지를 꽉 채우고 있는 다양한 교육프로그램과 마이크로디그리micro degree, 입학 전부터 학습을 지원하고 누적된 학생 데이터 등 '모든 이를 위해 모든 것을 연결한다'는 담대한 학교 전략을 일관되게 펼쳐나가고 있는 것입니다. 이러한 경로 개척에 이들은 'EdPlus'라는 온라인플랫폼을 적극적으로 개발, 운영하고 있으며 코칭의 기법을 교수 활용법으로 활용하고 있습니다. 이 현상들을 보며 기술의 활용이 무엇을 향해 운용되어야 하는지 정확하게 이해하고 있는 학교라는 생각이 들었습니다.

애리조나주립대학의 비전과 방법은 한마디로 '학교와 세상의 연결'에 있으며, 이것을 가치의 측면에서 표현하자면 '포용inclusion'이라고 할 수 있습니다. 이 학교는 '미래학교'가 콘텐츠나 교수법이나 기술시스템이라는 부분적 요소에 의해 만들어지는 것이 아니라고

확신합니다. 이들이 확신하고 선택한 방법은 '포용'이라는 가치이
자 원리에 의해 운영되는 큰 학교를 디자인하는 것입니다. 세상에
서 가장 '훌륭한' 학교를 만들기 위해 가용한 모든 방식을 창의적으
로 동원하는 학교 운영과 학교 디자인 과정, 이 자체가 이들이 생각
하는 '미래학교'입니다.

HYPER-CONNECTED SCHOOL

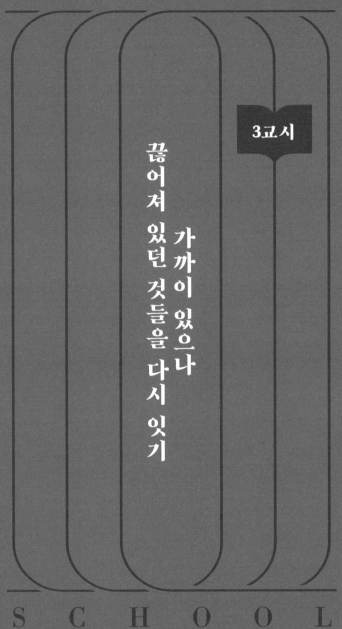

HYPER-CONNECTED

3교시

끊어져 있던 것들을 다시 잇기

가까이 있으나

SCHOOL

012

누구를 위한,
무엇을 위한 '자기 주도성'인가

▨ 아주 오래된 그러나 실현되지는 않는

미래교육에 관한 화두와 영감을 제공하는 세계적인 보고서나 미래를 준비하는 학교들이 공통적으로, 그것도 뚜렷하게 지시하는 것 중에 '자기 주도성' '학습자 주도성'이라는 게 있습니다. 최근 〈OECD 2030 학습나침반〉이 제안하는 개념으로는 '학습자 행위주체성student agency'이라고도 부릅니다. 어쨌든 여기서 강조되는 것은 '주도성'입니다. '주도성'이라는 말이 어렵게 느껴지면 이를 '스스로'라고 바꿔 불러도 무방합니다. 자기주도학습은 '스스로 공부한다'는 뜻입니다. 자기 주도성을 '스스로'라고 부르니 평범하게 느껴지나요? 그러나 이 단어가 거의 모든 미래학교, 미래교육의 공통 키워드가 된다는 말은 매우 역설적으로 느껴집니다. 공부를 스스로 해야 한다는 말은 매우 당연한 말처럼 들리지만, 실제로는 거의 실현된 적이 없으므로 여전히 미완의 교육목표나 교육적 이상으로 남아 미래교육의 목표로 설정되었다는 사실입니다. 왜 그럴까요? 왜 스스로 공부하는 게 잘 안될까요? 이 책은 미래학교에 관한 책이니 이를 '학교 교육'이라는 관점에서 얘기해 보겠습니다.

우선 '자기 주도'라는 개념은 주체성에 관한 문화의 오랜 이상을 담고 있습니다. 인간이 스스로 서고, 스스로 판단하고, 스스로 결정하는 주체적인 존재라는 믿음, 그것은 특히 인간성에 관한 근대 이래의 믿음과 이념을 담고 있습니다. 더불어 인권 개념이 보편화 된 상황도 교육의 주체성에 관한 생각을 강화하는 데에 큰 영향을 미쳤습니다. 다시 말해 교육 수체성 개념은 사회제도로서의 '에듀케이션', 교육이 사회적 이념 및 성장에 밀접하게 연동될 수밖에 없다는 사실을 보여주고 있습니다. 한국에서 교육 주체성의 개념이 '학생'의 관점으로 인식, 검토되기 시작한 것은 1990년 전후의 교육운동, 특히 전국교직원노동조합이 교육의 주체를 학생, 교사, 학부모라고 주창하기 시작하면서부터였습니다. 생각해 보면, 학생이 공부하는 공간인 학교에서 '주체'라는 사실은 너무나 당연하다고 여겨지지만, 이러한 교육주체선언은 한국 사회에서 학교가 그간 학생을 어떤 식으로 대해 왔는가, 하는 실상을 드러내는 신랄한 측면이 있습니다. 학생이 학교에서 '주인'으로서 존재했다고 한다면, 1990년대 이전의 한국의 보통교육 과정에서 학교가 학생을 그렇게 폭력적으로 다룰 수는 없었을 겁니다. 이 시기 교육의 혁신을 추구하는 이들이 가졌던 학생의 주체성에 관한 가장 중요한 문제의식은 학생도 '시민'이며, 온전한 권리를 지닌 '인간'이라는 각성과 인정투쟁이었다고 할 수 있습니다. 주체로서의 학생 문제는 사실상 학생 인권

3교시 ○ 가까이 있으나 묻혀져 있던 것들을 다시 읽기

의 문제와 다른 게 아니었습니다.

두 번에 걸친 수평적 민주화가 진행되면서 선출직 교육감 제도 가 도입되고, 경기도교육청과 서울시교육청에서 최초의 학생인권 조례가 제정된 이후[29], 2023년 현재 전국 7개 시도에서 관련 조례 가 제정된 것은 학생의 교육 주체성에 관한 첫 번째 역사적 단계가 사회적으로 어느 정도 공식화되고 일단락되었음을 뜻한다는 점에 서 평가해야 합니다. 이후 학생인권조례에 관한 정치적 논쟁이 종 종 생기기도 하고, 최근에는 학교 붕괴, 특히 교사의 권위 추락 현 상과 맞물려 학생인권조례의 폐지가 운운되기도 하지만, 이는 방향 을 잘못 잡은 논쟁이라고 해야 할 것입니다. 왜냐하면 학생인권조 례는 「대한민국헌법」과 「세계인권선언」, 「유엔아동권리협약」, 「교 육기본법」, 「초·중등교육법」 등에서 보장하고 있는 차별 받지 않을 권리, 폭력으로부터 자유로울 권리, 사생활의 비밀과 자유, 양심·종 교의 자유, 참여권 등을 명시하고 있는 인권에 관한 보편적 원리에 근거하고 있기 때문입니다. 다시 말하면 학생인권조례는 그동안 학 생은 '인간'이자 '시민'이면서도 학생 신분 또는 미성숙한 존재라는 이유로 기본권의 제한을 받고, 보호와 통제의 대상으로 취급되었던 것에 대한 인식 전환을 촉구하고 있습니다.[30] 또한 지극히 당연한, 그리고 대한민국이 지닌 세계적 위상과 보편적 문명 추세의 차원에 서 오히려 많이 뒤처진 인권선언의 성격을 띠고 있습니다. 많은 대 안학교와 혁신학교(공립학교)들의 설립과 발전 과정에서 이러한 문제의식은 특별히 중요하게 수용되었고, 특히 혁신학교의 정착 과정이 교육의 민주화라는 시대적 과제를 수용해왔던 흐름과 맞물려 있었다고 할 수 있습니다. 그러므로 미래학교를 논하고 있는 지금 시점에서 한국의 학교 상황을 살펴볼 때 오히려 교실 붕괴, 학교 붕괴라는 말이 나오고 있다는 점이 개탄스럽지만, 이 원인을 학생의 인권 신장 탓으로 돌리는 것은 학교 위기의 근본적 원인을 왜곡하는 매우 잘못된 문제 파악이라고 할 수 있을 것입니다. 더불어 이 상황이 교권 추락의 상황과 맞물려 문제가 호도되고 있는 것은 더욱 안타까운 일입니다. 한 존재의 권위 추락의 원인을 다른 존재의 인권 회복에서 찾는 일은 합리적이지도 않으며 시대정신에 역행하는 사고 퇴행이기 때문입니다.

■ 학생 중심보다 더 나아간 학습자 주도성

학생인권조례가 과거 사회의 문제점을 시정하는 성격을 갖고 있었다면, '자기 주도성'이라는 개념은 주체성의 개념을 한 발자국 더 '학생 중심'의 방향으로 옮긴 개념이라고 할 수 있습니다. 그런데 사실 이 개념은 학생-교사에 대한 중요한 관점 전환이 내포된 개념이라고 할 수 있습니다. 학생 인권 개념이 학생을 '학생-시민-인간'의 관점에서 본다면, '학생 중심' 개념은 '학생-학습자' 개념으로 강조점이 옮겨져 있습니다. 학교에서 학생이 학습자라는 것은 너무나 당연하지만, 이는 전통적 학교에서 전수되는 지식의 원천을 교사-교과서로 봄으로써 학교를 교사와 교과서에 의한 일방적 지식 전수, 티칭을 중심으로 한 공간으로 보아왔다는 전제를 하고 있기 때문입니다. '학생-학습자 중심'이라는 개념은 학생 주체성의 개념만 바꾼 것이 아니라, 학교라는 공간에서 이루어지는 지식의 성격 및 전달, 교사의 역할 등까지를 바꾸는 상당히 전환적 개념을 가지고 있다는 사실을 알아야 합니다. 그런데 요즘 미래학교 담론에서 이야기되는 '자기 주도성'은 '학생 중심'이란 개념보다 더 나아간 개념이라고 할 수 있습니다. 지금도 많은 대안학교와 혁신학교가 학생을 '~위한' '학생 중심' 교육을 이야기하고 있는 데에 반해서, 미래학교의 원리로 광범위하게 수용되고 있는 자기 주도성이란 학생이 주체가 되는 '학습자 주도'라는 말에 더 가깝습니다. '~위한'이란 말이 여전히 학습자에 대한 교사의 위계적 관점을 전제하고 있는 데에 반해서, '주도'란 말은 훨씬 더 학습자의 잠재성, 역량, 발전 가능성에 대한 신뢰를 전제하고 있습니다. 이것은 학교의 전반적 활동 과정 외에도 학교의 가장 중요한 과정인 교과과정에 '학생-학습자'가 적극적으로 참여한다는 의미이기도 합니다. 미래학교에서 의미하는 이것은 학습자가 학교가 내준 과제를 '자발적으로' 열심히 한다는 말이 아니라 학교의 교과 자체를 자신의 삶과 연결지어 의미있는 과정으로 만들고, 그것을 위한 수업 과정과 학습 결과물을 스스로 설계한다는 더 폭넓은 의미를 포함합니다. 이는 학습자의 주도성에 의해 교과과정이 다변화, 상대화, 맞춤화될 수 있으며, 교육 내용은 천편일률적인 평균성에 의해 지배되지 않고, 학습자의 필요와 개별적 성장을 위해 다르게 조절되고 설계되어야 함을 뜻합니다.

📖 교사는 바꾸고 학부모는 빠지고

그렇다면 교사의 역할은 무엇일까요? 좁은 의미의 '티칭'이 아니라 넓은 의미의 '코칭'을 해야할 것입니다. 교사와 학교는 지식의 원천이 더 이상 그 자신이 될 수 없음을 인정하지 않을 수 없습니다. 이미 정보와 지식의 가변성, 급변성, 다원성이 극대화 된 세계에서 학습자들의 필요를 학교-교사가 천편일률적인 기준으로 통제할 수 없으며, 해서도 안 되기 때문입니다. 『교육의 미래 티칭이 아니라 코칭이다』에서 이 문제는 교육철학 및 교수학습의 원리 차원에서 강조되었으나[31], 지금 시점에서 이 문제는 인간 삶의 실제 맥락과 조건, 미디어 리터러시라는 기본 환경 차원에서 수용하지 않을 수 없는 상황인 것입니다. 이것은 학생-학습자의 평가 기준이 천편일률적이어서는 안 됨을 뜻합니다. 학습자의 역량을 효과적으로 표현할 수도 없고 길러낼 수도 없는 획일적 평가시스템을 개방적이고 다원주의적 관점에서 다양화하려는데 전력을 기울여야 할 때입니다. 이는 학습자의 자기 주도성이란 학교가 그의 정체성을 찾아가고 실현시키는 데에 도움이 되는, 그리하여 학생과 학교가 진정으로 '연결되는' 새로운 맥락화와 재조직화를 촉구하는 개념이라는 뜻입니다. 학생 혼자 과제를 열심히 하는 것이 자기 주도성이 아닙니다. 주도성이 발휘되기 위한 전반적 학교 리디자인이 동시에 이루어져야 합니다. 앞으로는 생애 전반에 걸친 평생학습이 보편화될 것이므로 교사는 특정 학령기에 다니는 좁은 의미의 학교라는 공간에만 국한되지 않습니다. 배움이 일어나는 넓고 긴 여정에서 교사라는 인력풀과 역할은 다원화될 수 있습니다. 여기에서 학습자의 주도성이란 물리적 교실 공간 속에서 이루어지는 교과서 학습의 의미를 훨씬 넘어섭니다. 자기 삶의 여정 전반에 걸쳐, 배움을 자기와 사회적 과정 안에 통합하는 수행성, 즉 '행위 주체성'이 중요해지는 것입니다.

마지막으로 '학생-학습자 주도성'이 강화되려면 반드시 함께 고려되어야 할 점이 있습니다. 좁은 의미에서든 넓은 의미에서든 학교 교육을 대하는 학부모의 역할입니다. 널리 알려진 것처럼 '학부모'라는 말은 한국 사회의 문화적 특수성을 보여주는 말 중 하나입니다. '부모'와 분리된 특별한 '학부모'라는 정체성이 존재하는 것처럼 보이기 때문입니다. 그 말은 인생에 있어 자녀의 성장과 배움을 전반적으로 돕는 역할로서의 부모의 일과는 별개의 역할을 하는 또 다른 정체성이 있는 듯한 착각을 일으킵니다. 그럴 리가 없는데도 '학부모'라는 단어가 따로 있는 이유는 무엇일까요? 부모가 하는 자녀의 성장-배움의 지원과 학부모의 역할이 다르다는 인식 때문이겠지요. 그 다른 역할은 무엇일까요? 아마도 학부모가 하는 성장-배움의 역할은 '입시'에 특정된 역할이 아닐까요? 이러한 사고방식은 역설적으로 자녀의 성장-배움의 과정에 부모의 역할이 특정한 시기의 특정한 방식, 노골적으로 말해 한국 사회에서는 대학 입학을 위해 입시학원에 학비를 대주는 일이 부모의 가장 중요한 역할이라는 왜곡된 생각을 하게 만듭니다. 그러므로 '학부모' 개념이 지닌 궁극적인 문제점은 이것이 자녀와 부모 사이의 진정한 유대와 연결을 제한하고, 인간 성장에 있어 지속되어야 하는 개인과 사회와의 연결을 방해하며, 평생에 걸쳐 이루어져야 할 성장-배움의 시간적 연결성을 단절시킨다는 데에 있습니다.

'학부모' 개념은 평생에 걸쳐 수행되어야 하는 학습자 정체성으로의 확장을 막습니다. 더불어 이는 부모가 자식을 일방적으로 돌보고 지원한다는 관점을 전제하고 있기도 합니다. 진정한 배움은 누가 누구를 일방적으로 돌보는 일이라기보다는 함께 배우는[32] 환경 속에서 이루어지는 총체적 맥락 속의 경험입니다. 그런 맥락적 배움 환경 속에서 학생-학습자 정체성은 때때로 부모가 수행할 수 있는 정체성이기도 합니다. 또 학습-배움의 주체성은 머릿속 인지 작용으로만 일어나는 것이 아니며, 학습-배움의 기회를 스스로 찾게 만드는 계기와 설계의 과정에서 이루어지고 수행하는 주체성 차원에서 발휘되기도 합니다. 배움의 과정을 부모가 일방적으로 조력한다는 개념 역시 고정관념인 것입니다. 학습과학자 조병영 교수님의 말씀대로라면, 문해력리터러시은 학습자에게 맞는 정체성 형성을 위해 학습 과정을 스스로 조직하는 수행성 자체이기도 합니다. 어떤 경우에는 학습환경과 개인이 놓인 조건에 따라서 학습자가 자신의 학습 기회 자체를 만들어가며 공부할 수도 있어야 하기 때문입니다. 현실적으로 학생 스스로 학습 기회를 만드는 일이 쉽지 않지만, 그것은 '결여'가 아니라 인간의 주체성을 만들어 가는 중요한 학습경험이며 성장 과정이라고 할 수 있습니다. 그러므로 학교 교육에서 학생, 교사와 더불어 학부모가 '주체'라는 개념은 더더욱 수긍되기 어렵습니다. 교육에는 부모와 학부모의 분리된 역할이 있을 수 없을 뿐만 아니라, 학교라는 현장에서 학부모가 배움의 주체일 수도 없기 때문입니다. 교육의 주체는 교육의 현장에서 실제 교육-배움 과정에 참여하는 이들이 주체입니다. 부모는 학교 교육의 주체가 아닌, 협력자로서의 역할을 수행하는 자이며, '주체'라는 인지 착오를 중단하고 배움을 지원하고 협력하되 '간섭'은 하지 말아야 합니다. 이렇듯 '학습자 주도성' 개념의 진정한 배움 실현은 교육학개론의 학습 원리 수준에서 벗어나 사회적이고 인문적 차원으로까지 연결하여 이해하는 관점 확장을 통해서만이 가능할 것입니다.

013

자기계발인가 자기성장인가

▧ 학습자 주도성을 말하기 전에 먼저 물어야 할 것

이즈음에서 반드시 짚고 넘어가야 할 것이 있습니다. 미래학교에서의 '자기 주도성', '학습자 주도성'이 지닌 의미는 그동안 유무형으로 학생을 억압하던 교육시스템을 진정으로 학생-학습자 중심으로 전환한다는 뜻이며, 배움을 사회적 삶과 인생 전반에 걸쳐 지속적으로 일어나는 총제적 러닝 과정으로 보아야 한다는 뜻입니다. 좁은 의미의 '학교 교육'에 한정한다면 지금까지의 교과과정과는 반대로 학교가 학생의 삶을 위해 교과과정을 유연하게 맞추라는 뜻입니다. 이 의미는 '미래학교'는 20세기 학교의 또 다른 업그레이드 억압 버전이 될 수도 있다는 것입니다. 예컨대 '자기 주도성'이라는 말에 대응되는 사회 용어가 있습니다. 바로 '자기계발'입니다. 사회 도처에 일고 있는 자기 계발 광풍입니다.

기존에 알고 있던 '인재계발'과 '자기계발'의 가장 큰 차이점은 자기계발이 주체의 자발성을 열정적으로 동원한 자기 착취 행위라는 사실입니다.한병철.2024[33] 누가 시켜서가 아니라 '스스로 해라'

3교시 ㅇ 가까이 있으나 잊어져 있던 것들을 다시 잇기

'넌 할 수 있어'라는 자기 암시적 추동력, 자기 응원을 이용하는 것
이 바로 자기계발 프로그램의 특징이며, 현재 미국-한국은 이러한
류의 자기계발 전성시대입니다. 이 맥락에서 신자유주의 이데올로
기가 전 사회를 포위한 상황에서 우리의 미래학교 담론이 신자유주
의 담론의 하위 실행 항목은 아닐지 비판적으로 점검해 볼 필요가
있습니다. 자기계발이 자칫 사회적 적응을 위한 자기희생 프로그램
이 될 수 있는 것처럼, 자기 주도성 또한 또 다른 인간 억압의 케이
스가 될 수도 있기 때문입니다. 다시 말해서 자기주도학습이란 이
공부가 누구를 위한 공부, 무엇을 위한 공부인가, 라는 질문과 함께
이루어져야 합니다. 스스로 공부한다는 것의 유의미성은 이미 오랫
동안 존재해 온 인류문명 공통의 권장 사항이었지만, 새삼 이것이
오늘날 '미래교육'이라는 관점에서 강조되는 맥락도 실은 산업적
재편에 대한 전망과 밀접한 관련이 있기 때문입니다.

　문명의 극단적인 전환, 특히 인간의 지적 능력에 의해 이루어지
는 많은 전통적 활동이 자율성을 획득한 지능기계와 디지털화에 의
해 급격히 대체될 것이 예상되는 상황에서, 일-직업-산업적 불확
실성에 대응할 수 있는 방법은 능동적이고 유연한 지식 수용 태도
와 역량 중심 학습밖에 없다는 게 '노동시장'의 잠재적 요구입니다.
그런데 이 요구와 필요성을 자기 주도성, 학습자 주도라는 교육적
맥락과 연결하여 강제하고 있다는 사실을 교육은 비판적으로 점검
할 필요가 있습니다. 인간의 삶은 결코 노동-시장으로만 제한되고

흡수될 수 없으며, 삶의 행위 역시 경제 행위만으로 축소될 수 없기 때문입니다. 미래를 시장주의적 전망 아래 이미 정해진 것으로 보는 시각에 교육의 이상이 항복하는 것이 아니라면, 학교는 학생-학습자-학습을 어떤 목표하에, 어떤 관점에서 바라볼 것인가라는 원론적 질문을 할 필요가 있습니다. 그래서 이는 '주어진 미래'에 '적응하기 위한' 학교가 아니라, '우리가 바라는 학교'를 설계하기 위한 기본 동력으로 이해되어야 합니다.

철학자 하이데거의 관점을 따르자면, 한 시대 유무형의 모든 사물들은 그 시대의 '현사실성'을 드러내는 근본기분Grundstimmung을 반영합니다. 20세기 한국의 학교가 억압적 형태를 띠었던 것에는 어쩔 수 없는 시대적 이유가 있었습니다. 미래학교도 여전히 학교입니다. '자기 주도성'을 강조한다고 하지만, 그것이 산업역군을 양성하고 협소한 의미의 생존 수단을 마련하는 데에 집중되었던 20세기 학교의 21세기 버전이 되지 말라는 법은 없습니다. 이 경우 자기 주도성, 자기주도학습은 '자기계발'의 학교 버전이 될 수도 있습니다. 미래교육 담론에서 거의 공통적으로 지적하는 비판적 사고, 창의성, 협력능력, 소통능력의 상당수의 주창자들이 미국의 기업가정신의 주창자라는 사실은 짚어볼 만합니다. 미래학교에 영감을 준 많은 교육모델과 학습설계 원리, 평가방식들이 기업 혁신의 산물이라는 사실은 '역량'의 최종적 쓰임새가 누구를 위한, 무엇을 위한 방향을 가리키고 있나하는 의문을 갖게 합니다. 기후 위기와 팬데믹, 식량 위기, 전쟁위험 등 인류의 위기 상황과 기술 전환 상황에서 학습자의 창조적 주도성은 궁극적으로는 무엇을 위해 발휘되어야 하는 걸까요? 교육대·사범대를 통해 물신 사회의 맥락과 비상한 문제의식이 없이 양성되고 있는 교사들이 과연 미래학교의 첨예한 문제의식 속에서 비판적이고 창조적으로 진화시켜 나갈 수 있을까요?

이런 점에서 아시아 여성으로는 처음으로 하버드 법학대학원의 종신교수가 된 석지영 교수의 소회는 '학습자 주도성'에 관해 생각해 볼 거리를 던져 줍니다. 그는 하버드대학 법학과 졸업식 강연에서 다음과 같은 취지의 인상적인 말을 했습니다. '하버드가 내게 가르쳐 준 것은 법학 지식의 전수가 아니라, 사회적 삶에 대한 열정적 참여를 가능하게 하는 다양한 경로와 동기를 유발시키고 지원해 주었다는 것이다.'라고 말입니다. 저는 학교가 보여주는 이러한 경로의 설계와 지원이야말로 학습자 주도성의 진정한 차원이라고 생각합니다. 삶으로 연결되는 학생의 실천적 의지와 동기를 지원하는 것, 그것을 교육의 차원에서 통합하려는 노력 말입니다. [34]

▨ 이제는 서울대도 어쩔 수 없이 따라야 한다

이 문제를 도전적으로 생각해 보기 위해 〈OECD 2030 학습나침반〉이 기존의 '역량 DeSeCo/Defining and Selecting Key Competencies' 이라는 개념을 뛰어넘어 제안하는 '학습자 행위 주체성student agency'이라는 개념을 생각해 보고자 합니다. OECD는 1997년부터 미래사회를 살아가기 위한 사회적 역량 연구와 교육적 목표가 추구해야 할 미래 역량 차원에서 제안해 왔습니다. 그리고 이것은 지식을 규정하는 것을 넘어 지식-교육을 통해 이룰 수 있는 삶의 기술을 제안함으로써 각국 정부에 중요한 교육 정책적 지표로 영향을 미쳐왔습니다. 대한민국에서도 2015년, 2022년 개정교육과정에 '역량' 기반 학습 개념이 수용되었으며, 2028년에는 대입제도에 역량기반평가가 대폭 반영되기로 예정되어 있습니다. 특히 대한민국 전체 입시 판도를 좌우하는 국립대학인 서울대학교에서도 2028년부터 역량기반평가를 전면적으로 도입한다는 입장을 밝히고 있습니다. 그런데 최근의 제안서인 〈OECD 2030 학습나침반〉은 기존의 역량 개념과는 달리 조금 더 진화한 '학습자 행위 주체성'이라는 개념을 제안하고 있습니다. 학습자 행위 주체성은 이러한 결과이자 수행목표로 이해되는 '변혁적 역량transformative competency'과 한 짝을 이룹니다. 변혁적 역량은 새로운 가치 만들기, 긴장과 딜레마 해소하기, 책임감 가지기 등으로 제안됩니다. 기존의 학생 역량이 사회를 '살아가기 위한' 개인의 능력이나 관심에 초점을 두고 있는 데에 비해, 상대적으로 학습자 행위 주체성은 사회 속에서 '함께 잘 살기 위한' 공동체성과 가치, 태도 또는 윤리 창출과 수행 능력을 강조합니다.[35]

미래교육의 초점이 전통적 교과목과 같은 정보 콘텐츠 중심 교육에서 역량 중심 교육으로 이동하는 것은 사회적 불확실성 속에서 개인적·사회적 대응 능력을 키우기 위한 변화라는 점에 수긍이 갑니다. 그러나 '역량 중심'이라는 미래교육 흐름에서 강조되는 학습자 주도성이 누구를 위한, 무엇을 위한 교육목표 속에서 실행되는 것인가에 대한 비판적 검토가 필요하지 않을까요? 이때 2030의 학습자 주체성은 공동 공간에서의 삶의 태도와 자기 기율, 공존과 혁신의 능력과 시민적 태도 등을 모두 포괄한 개념이라는 점에서 주목을 요합니다. 그래서 이 보고서는 '역량'을 나침반을 통해 통합적인 '지식, 능력, 기능, 태도'의 조합으로 그려서 보여주고 있습니다. 이러한 교육적 주체성을 통해 실현되어야 할 교육의 최종 목표를 '개인과 공동체의 질 좋은 삶Individual and collective well-being'이라고 제시한 것도 시사적입니다. 이것이 함의하는 바는 학습 주체의 미래 역량이라는 것이 단순히 개인의 경제적인 삶의 추구를 위한 '생존 기술'을 의미하는 것이 아니며, 사회 속에서 공존을 추구하고 세상에 기여하는 공동선common good을 위한 역량으로서의 '공동체 기술'을 암시하는 것입니다. 이는 전통적 학령인구 개념이 무너지고 배움이 전 생애에 걸쳐 확장적으로 일어나고 지속되는 평생교육사회의 전망을 내포하고 있기도 합니다. 이는 학교와 사회가 유기적으로 폭넓게 확장되면서 학생-학습자의 개념이 시민적 주체와 구분되지 않고, 지식-앎의 경로가 다원화되고 있는 미래학교의 역량 개념이라고 할 수 있습니다.

▨ OECD 학습 나침반과 무지한 스승

이 지점에서 '학습'과 '주체성' 개념과 관련해 근본적으로 생각해 봐야 할 유명한 사례를 하나 소개합니다. 이것은 미래교육을 '학습 자 행위 주체성'이라는 관점에서 이해할 때, 더욱더 참고해 볼 만한 예로서 프랑스 철학자 자크 랑시에르가 소개한 19세기 루뱅 대학 의 프랑스어 강사 조제프 자코토의 이야기입니다.[36]

자코토는 1815년 나폴레옹 제정이 무너지고 왕정복고가 일어나 불안했던 프랑스에서 벨기에로 망명했고, 당시 네덜란드의 지배를 받던 벨기에의 유서 깊은 루뱅대학의 프랑스어 강사가 됩니다. 문 제는 프랑스어를 배우러 온 학생들은 당연히 프랑스어를 몰랐고, 프랑스어를 가르쳐야 하는 자코토 자신은 티칭 언어로서 네덜란드 어를 전혀 몰랐다는 사실입니다. 이때 자코토는 학생들에게 프랑스 어로 된 네덜란드 대역판을 건네주면서 네덜란드어 번역문을 사용 해서 프랑스어를 익히라고 합니다. 그리고 학생들이 익힌 것을 다 시 되풀이 하게 하고, 책을 외워서 말할 수 있을 정도로 반복적으로 읽으라고만 시켰을 뿐, 그 외 그가 할 수 있었던 것은 별로 없었습니다. 그런데 그 결과는 의외로 대성공을 거둡니다. 학생들이 읽고 쓸 수 있게 된 것입니다. 랑시에르는 이 책에서 자코토의 생각인지, 자코토의 입장을 추측한 자신의 생각인지 모를 방식으로 이 학습의 기적이 지닌 의미를 '인문적으로' 해석합니다.

이 해석의 의미는 이렇습니다. 학습 행위의 궁극적인 목표는 학습자가 교사-교수보다 지적으로 낮은 자리에 있지 않다는 사실을 깨닫게 하는 것이어야 한다는 겁니다. 학습자의 자기 주도성이 발현되지 못하는 근본적인 이유는 지식의 위계를 지닌 교사 앞에서 학생이 주눅이 들어서라는 겁니다. 그는 진보적인 교육관을 지닌 사람들조차 지적 획득을 통해 얻어지는 지식의 '결과적 평등'을 교육목표로 삼는다고 말합니다. 그러나 자코토는 애초에 출발 선상에서부터 인지 능력의 평등성, 지적 능력 자체의 평등성을 전제해야만 학습의 기적, 교육의 기적이 일어날 수 있다고 주장합니다. 이러한 학습 과정에서 절대적으로 중요한 것은 교사가 아무 것도 하지 않는 게 아니라, 지적 평등에 대한 믿음을 전제로 학생들을 독려하는 것입니다. 이 독려는 학습자에게 무조건 지식을 전수하는 것이 아니라, 학습자로 하여금 스스로 자기를 믿을 수 있게 하는 '코칭'을 말합니다. 이런 훈련을 받은 학습자들은 새로운 지식과 삶의 위기에 직면했을 때, 언제나 지적 능력의 평등성과 자기 믿음을 상기하며, 행위적 주체성을 발휘하게 됩니다. 네덜란드어를 모르는 프랑스인인 '무지한 스승'이 '자기도 모르는 것을 가르칠 수' 있으며, 학생은 '자기도 모르는 것을 배울 수' 있다는 것입니다. 전통적으로 교실에서 일어나는 지적 전수의 과정이란, 교사의 지능이 학생의 지능으로 전달되는 관계지만, 자코토의 교실에서는 교사가 아니라 '학생의 지능과 책의 지능'이 일대일 관계를 맺습니다. 교사는 학생 지능의 사용을 강제하지만, 학생 지능이나 책의 지능 사이에는 개입하지 않습니다. 랑시에르는 이런 방법이 학생 지능의 역량을 해방시키는 것에서 나아가, 학습자가 스스로 제한하고 있는 사회적 위계와 계층적 질서, 이데올로기적 편견으로 가득 찬 문화적 지배를 타파하고 학습자의 정치, 사회적 주체성을 회복하는 계기가 된다고 보았습니다. '무지한 스승'의 '평등한 지능'에 대한 믿음이야말로 자유롭고 편견 없는 사회적 주체를 형성하는 길이라는 겁니다. OECD 학습자 행위 주체성의 개념에서 가장 눈여겨 볼 것은 학습과 사회, 학습능력과 공동체성, 배움과 가치의 실천을 '연결'시켰다는 점입니다. 학습-배움-교육을 개인적 차원에 가두지 않고 교육이념을 시민적 가치와 연결시켰다는 점, 이것이 함의하는 바를 '미래학교'의 관점에서 깊이 음미해 보았으면 합니다.

014

학교와 학습자의 마음을 연결시켜라

_학습과 영성(spirituality)

📖 구글은 왜 명상을 교육프로그램화 하는가

오늘날 미래학교 이슈의 특징 중 하나는 기업들의 혁신성이 사
회적으로 파급 효과가 크다 보니, 문화 전반과 산업에 도미노처럼
영향을 주고 있다는 사실입니다. 21세기를 주도하고 있는 글로벌
IT기업의 교육 방식, 사내 교육프로그램 등이 화제가 되면서 그것
이 교육시장 전체에 영향을 주었고, 학교와 사회, 학교와 시장 및
산업, 학교와 사회문화가 밀접한 연관성을 가질 수밖에 없는 상황
이 되었습니다. 특히 산업적 혁신을 촉발하며 막대한 재화를 창출
하고 있는 글로벌 IT기업의 교육커리큘럼이나 교육 방식은 교육 혁
신이라는 차원에서 사회적 관심의 대상이 될 수밖에 없었습니다.

앞서 스탠퍼드대학 디자인스쿨의 예시가 있었지만, 이 역시 엄
밀한 아카데미 프로그램이라고 하기는 어렵습니다. 스탠퍼드 디스
쿨은 세계적인 소프트웨어 회사 SAP를 공동창업한 하쏘 프래터너
Hasso Plattner의 기부를 모태로 만들어졌기 때문입니다. 이 역시 학
교에 오리지널리티가 있는 프로그램에 직접 투자했다기보다는 디

자인컨설팅 업체인 아이데오IDEO의 디자인 씽킹에 영감을 받은 기부자가 스탠퍼드대학에 거액을 기부해 아이데오 스타일의 디스쿨을 심은 것이라고 할 수 있습니다. 디스쿨의 프로그램은 기업은 물론이고 전통적 교육시스템에도 큰 영향력을 행사하며 확산되고 있는데, 국내에서는 2016년 단국대가 '스탠퍼드 디스쿨'과 MOU를 맺은 것을 기점으로 여러 대학에 도입되고 있습니다. 현재 세계적인 혁신 교육기관 중에 주목받고 있는 싱귤러리티대학도 마찬가지입니다. 이 대학은 전통적 교육기관이 아니라 고액의 수업료를 지불하고 창업프로젝트로 귀결되는 마이크로 디그리를 수행하는 혁신교육기관인데, 2008년 구글의 이사였던 레이커즈 와일에 의해 설립되었습니다. 싱귤러리티대학은 10주 정도의 창업혁신 프로그램을 운영하는 비정규 학위 프로그램을 중심으로 운영되지만 이미 '대학'이라는 이름으로 자연스럽게 불릴 정도로 정식 교육기관처럼 인식되고 있습니다.

　글로벌기업들이 자체 내에 무슨 스쿨 또는 유니버시티라는 이름으로 대학을 설립하는 움직임은 21세기 문명의 추세입니다. 전통적 대학 체제가 혁신적 역할을 못하고 있다고 생각하고 혁신기업들 스스로 학교를 만들어 운영하겠다는 것이지요. 여기에는 단순히 기업교육의 수준을 넘어서 아예 사회에 교육혁신의 방법론적 샘플을 만들어 영향력을 만들겠다는 의지를 보여주는 사례도 적지 않습니다. 한국 최초의 디자인스쿨인 삼성디자인교육원SADI은 사실상 사

내 교육프로그램이라기보다는 디자인교육의 새로운 방법론을 제
안하겠다는 포부가 큰데, 이 방법론은 공학적 측면을 넘어 생각을
디자인하는 교육혁신 마인드를 장착하고 있습니다. 2017년 출범
하여 사실상 대학 학제처럼 운영되는 SK하이닉스 교육플랫폼SKHU
프로그램이 교육생태계에 점점 더 영향을 미치며 관심 대상이 되
는 것도 한 예라고 할 수 있습니다. 삼성과 다른 케이스이기는 하지
만 총장까지 있는 '대학 체제'는 단순한 기술적 수준의 업스킬링up
skilling을 넘어서, 기업이 교육을 종합적 관점에서 새롭게 운영하겠
다는 의지와 자신감이 스며있다고 할 수 있습니다.

　그런데 이런 기업들의 교육커리큘럼에서 굉장히 흥미로운 사실
이 하나 눈에 띕니다. 바로 '명상meditation'에 대한 관심입니다. 명
상은 구글, 애플, 마이크로소프트, 세일스포스 등 일일이 거론할 수
없을 정도로 많은 글로벌 IT기업 교육프로그램의 대세이며, 거의
필수 프로그램이 되어 가고 있습니다. 이들 기업이 명상을 도입하
는 이유를 간단하게 해석할 수도 있지만, 의미심장한 문명 전환 상
황을 암시하는 간단치 않은 문제의식이 스며 있기도 합니다. 구글
의 'Search Inside Yourself SIY'는 가장 유명한 기업 명상 프로그
램 중 하나입니다. 이 프로그램은 구글의 초기 엔지니어인 채드 맹
탄Chade-Meng Tan이 사내에서 개발한 프로그램으로 이제는 하나의
교육시스템을 갖추어 운영되고 있습니다. 이 프로그램은 명상적 호
흡, 신체적 스캐닝, 마음챙김, 경청과 같은 명상 기술을 교육적 창의

력, 정서 회복력, 감정 건강 등의 차원에서 접근합니다. 고도의 창조성이 요구되지만, 과중한 스트레스에 시달리는 직원들에게 업무력 향상과 회복력을 주려는 것이 목적입니다. 구글은 사내 교육프로그램에 명상을 도입한 이래, 이것이 상당한 교육적 효과와 정신건강에 좋은 영향을 준다고 확신하고 있습니다. 그들은 종교 영역으로 여겼던 명상을 매우 심플하고 체계적이며 설명이 가능한 매뉴얼로 체계화함으로써 마치 제품 디자인을 하듯, 명상을 하나의 학습프로그램으로 스탠다드화하고 있습니다. 이로 인해 명상은 누구에게나 설명가능한 실용적인 자기계발 프로그램으로 확산될 수 있게 되었습니다. 국내에서 이와 같은 명상 프로그램을 가장 먼저 사내 교육프로그램의 일환으로 도입한 곳은 SK그룹의 전신 선경그룹으로 알려져 있습니다. 그러나 하나의 취향이나 유사종교 프로그램이 아닌, 엔지니어와 디자이너들의 필수 교육프로그램으로 인식되고 일반화될 수 있었던 것은, 구글 같은 거대 글로벌기업에서 실행하고 있는 명상의 실용화, 단순화, 매뉴얼화, 탈종교화 등 '아메리칸 스타일'로 정착된 교육디자인이 큰 기여를 했다고 생각합니다.

🔲 디자이너 스티브 잡스와 감정지능

그러나 구글의 명상 프로그램에 앞서 명상을 미국 사회에 힙한 아이콘으로 부각시키고, 첨단의 문화적 스타일로 인식시키는 데에 결정적인 영향을 끼친 것은 누가 뭐래도 애플의 창업자 스티브 잡스라고 할 수 있습니다. 스티브 잡스가 명상을 접한 계기나 과정 등에 관련해 여러 이야기들이 있지만, 그가 명상을 창조성과 리더십의 중요한 성장 기술로 받아들이고, 이를 종교가 아니라 교육적 관점에서 바라봤다는 사실은 강조되어야 할 것입니다. 그는 명상을 혁신에 전제되는 창조적 파괴, 관념의 파괴, 기존 낡은 인식과의 단절, 새로운 문제설정 및 재정의, 감정적 균형, 명석한 판단력, 직관, 정서적 콘트롤, 집중력 등 창조성과 관련된 거의 모든 영역에서 방법론적 도구가 될 수 있다고 보았습니다. 그의 생각을 조금 과장하여 추측하자면, 그는 디자인씽킹 프로세스와 명상의 프로세스가 거의 비슷하다고 여겼던 것은 아닐까 여겨집니다. 그는 자기를 바라보는 메타인지 프로그램이라고 할 수 있는 명상이 리더십과 팀워크를 훈련하는 데에도 대단한 효과가 있다고 확신했습니다. 애플 디자인에서도 알 수 있듯이 그는 디자인을 단순히 외형을 포장하는 스타일이 아닌 가치와 창조성의 표현이라고 생각했습니다. 그런 그에게 명상은 새로운 시대의 창조적 사고 훈련법이자 사유 스타일이 된 것이지요. 더불어 명상이 디자이너로서의 정체성을 확립하는 데에도 특별한 도움을 줄 수 있다고 생각했던 것 같습니다. 창조적 디자이너에게 '마음', 즉 욕망과 의지와 감정과 생각은 하나의 객관적 대상으로서 관찰되고 연구될 필요가 있는 것이기도 하기 때문입니다.

이즈음에서 '감정·감성'도 일종의 '지능'에 속하는 '감정지능emotional intelligence'의 개념으로 따로 생각해 볼 수 있습니다. 대니얼 골먼에 의하면 '감정지능'은 자기 인식, 자기 규제, 자기 동기 부여, 타인의 감정 이해, 사회적 기술이라는 다섯 가지로 이루어집니다. 자기 인식은 자신의 감정 전반, 즉 자신이 지금 가진 감정의 실체를 객관화하는 인식능력, 스스로 자기의 강점이라고 생각하는 부분과 약점이라고 여기는 부분에 대한 인식, 가치관이나 욕망, 자신의 감정이 다른 사람에게 미치는 영향을 인식하는 능력과 더불어 감정적 트리거를 인식하고 그 감정이 어떻게 외부 사안에 영향을 미칠 수 있는지를 보는 능력입니다. 이를 자기에 대한 인지, 메타인지라고 할 수 있습니다. 당연히 자기 인지력이 탁월한 사람들은 성찰적이며 자신의 감정이 행동과 결정에 어떤 영향을 미치는지 이해할 수 있습니다. 이는 두 번째 구성요소인 '자기 규제' 항목에 직접적인 영향을 미칩니다. '자기 규제'는 자신의 감정, 충동, 기분을 건설적인 에너지로 관리하고 조절하는 능력입니다. 자기 규제 능력이 뛰어난 사람은 스트레스와 압박이 심한 상황 속에서도 침착함을 유지하고, 스트레스를 효과적으로 처리합니다. 또한 만족을 즉각적으로 추구하는 '쾌락원칙'을 균형 있게 조절하면서 미래의 기획 속에 통합할 수 있습니다. 이러한 균형성은 사려 깊은 생각과 감정을 통합함으로써 삶에 여유를 갖게 하며, 긴밀한 사회적 협력을 수행하게 하고 성찰적이며 합리적인 의사 결정을 가능하게 합니다.

　세 번째 요소로 '자기 동기 부여'를 꼽을 수 있습니다. 자기 동기 부여란 수행력, 능동성, 지속가능성, 개인적 성취감과 즐거움이라는 요소와 직결됩니다. 넷째, 타인의 감정 이해는 공감 능력을 뜻합니다. 이는 단지 눈앞에 있는 타인의 정서를 이해한다는 뜻이 아니라, 공동체적 고통의 요소를 이해하고, 타인과 함께 사는 사회적 맥락 속에서 문제 해결을 위한 적절한 문제설정, 실천의 방법과 이유, 범위를 설정하게 하는 공동체적 요소로 작용합니다. 그러므로 이것은 자연스럽게 다섯 번째 요소인 '사회적 기술'과 연결되어 있습니다. 사회적 기술이란 관계성에 대한 이해와 유지 능력입니다. 삶에는 협력과 대화, 갈등 조정, 친밀성, 사교성 등이 필요합니다. 그러나 이런 능력은 타고난 요소만으로 갖출 수 없으며, 앞으로 훈련되어야 하는 학습능력이기도 합니다.[37]

미래사회에서는 지능을 가진 인공기계, 인간보다 탁월한 작업 능력을 지닌 로봇의 등장으로 많은 변화와 업무 대체가 이루어지질 것입니다. 이에따라 감정지능에 대한 관심은 '인간 고유의 능력이나 역할은 무엇일까?'하는 질문과 근심으로 인해 더 높아지고 있습니다. 그것은 인간의 '미래역량'이라는 차원과 연결되고, 미래교육의 핵심역량이라고 할 4C, 즉 비판적 사유critical thinking, 창조적 사고creativity, 협력 능력collaboration, 대화 능력communication과도 직결됩니다. 이런 차원에서 글로벌 기업들은 미래교육, 미래역량과 직결되는 감정지능을 훈련시킬 수 있는 가장 효과적인 방법을 명상에서 발견하고 있습니다. 메타인지, 집중력, 자기 조절, 타인의 감정 이해, 친밀성, 존재의 연결성에 대한 자각 등 명상의 방법론과 목표는 감정지능이 추구하는 역량을 상당히 닮아있습니다. 이것이 아시아의 오랜 지혜가 서양의 첨단 기업과 만나 미래학교의 커리큘럼이 되는 까닭입니다.

🔖 명상은 자기계발 프로그램을 넘어서야 한다

그러나 우리는 여기에서 이야기를 그쳐서는 안 될 것입니다. 왜냐하면 지금까지는 겨우 기업 중심적 시각에서 프로그램화 된 명상을 얘기한 것이므로, 이런 실용적인 차원만으로의 접근은 부분적으로는 옳을지 몰라도 궁극적으로 명상이라는 '마음 기술'의 의미를 왜곡하고, 기업의 노동 전략에 인문적 기술을 활용하는 좁은 의미의 자기계발 프로그램으로 볼 수도 있기 때문입니다. 많은 사람들이 자기계발 프로그램에 몰입하는 시대이지만, 비판 철학자나 사회과학자들은 자기계발 프로그램을 종교가 된 신자유주의 이데올로기의 자기 착취 프로그램으로 보기도 합니다. 누구의 지시도 없이 스스로 성과를 만들기 위해 자발적 자기 동원의 메커니즘을 작동시키는, 그럼으로써 주인과 노예가 하나가 되는 헤겔 변증법의 아이러니컬한 종합이 이런 자기계발 프로그램을 통해 21세기에 이르러 완성되었다고 비판하는 것이지요. 철학자인 한병철에 따르면, 자기계발 프로그램은 금지를 명령하는 전통사회, 규율사회와는 달리 '할 수 있다'라는 자발적 주술을 스스로에게 걸어 암시하고, 생산성의 한계는 자기계발을 통해 자기 역량의 한계와 업무성과의 한계를 넘어서려는 자발적 노력과 회복력을 통해 극복된다고 보고 있습니다.한병철, 2015[38] 이런 관점에서 보면 자기계발이라는 명목으로 이루어지는 다양한 프로그램 중에 오늘날 거대기업들이 도입하는 명상 프로그램 역시 '넌 해야 한다'라는 전통적 규율을 '넌 할 수 있어'라는 자기 암시로 뒤바꾸는 정교한 사회 통제술, 주체에 대한 억압 기술일지도 모릅니다. 물론 이러한 비판적 관점은 받아들이는 입장에 따라 과도한 비판으로 들릴 수도 있지만, 오늘날 이루어지고 있는 역량 중심 교육이 궁극적으로 무엇을, 누구를 위한 것이며, 무엇을 뜻하는가, 왜 그렇게 해야 하는가를 떠올려 보면, 이 관점에 대해 깊이 생각해 볼 필요가 있지 않을까요?

그런 점에서 우리는 기업교육의 장에서 유행하고 있는 명상이 '기술'을 넘어 '현상'이라는 훨씬 더 포괄적인 상위 개념 속에서 운용되는 교육적 자각의 일종으로 이해할 필요가 있다고 생각합니다. 그 상위 개념이란 바로 '영성spirituality'입니다. 전통적으로 '영성'이란 개념은 종교적 차원에서 이해되어 왔습니다. 그러나 저명한 종교학자 필립 셸더레이크에 따르면 영성은 종교에 특정되지 않으며, 삶에 대한 완전히 통합적인 접근과 전체적 이해, 올바르고 신성한 것의 추구와 관련되며, 개인적 차원에서 보면 한 사람의 잠재성을 모든 차원에서 끌어올리는 역량 추구와 관련된다고 했습니다. 또 그것은 삶의 목적을 궁극적인 차원으로 끌어올리고 자기를 더 높은 차원으로 고양시키려는 윤리적 의지와 목적 추구 그리고 의미에 대한 탐색을 뜻하기도 합니다. 더불어 삶의 전체성은 앎과 실천, 개인과 공동체, 행복과 윤리, 신체와 정신적인 것, 물질과 정신, 자연과 문명, 기술적 도구적인 것과 목표 사이에 통합적 비전과 '연결'을 추구합니다. 필립 셸더레이크, 2023[39] 그것은 바꿔 말해 전체적인 것으로서 삶에 대한 이해와 추구, 궁극적인 것을 향해 끌어올려지는 완성의 과정으로서 인간 성장이라고 봐도 좋습니다.

영성에 대한 이러한 인문적 관점은 놀랍게도 지금까지 교육이 지향해온 지점과 맞닿아 있습니다. 어떤 의미에서는 오히려 파괴적이고 억압적인 것이 되는 지경에 이르렀기에 여전히 극복해야 하는 문명 교육, 학교의 한계, 도달하지 못해 추구하려고 하는 교육적 이상의 최종적 비전을 그대로 보여주는 면이 있습니다. 그리고 이것은 미래교육, 미래학교라는 개념에서 훨씬 더 중요한 분야입니다. 아이러니컬하게도 생각하는 기계가 출현하고 가상적 실재에 갇힌 디지털 기술문명 사회로 접어들면서 '영성'이 중요한 교육적 목표이자 방법론이 될 것이라고 저는 확신합니다. 왜일까요? 미래사회의 가장 중요한 인식론적, 그리고 사회문화적 상수는 인간의 능력과 역할을 대체하는 첨단기술과 기술적 도구로 촘촘히 연결되어 마치 살아있는 듯한 유기적 디지털 세계가 존재한다는 것입니다. 거기에서 '인간적인 것', 즉 인간 고유의 역할과 능력, 정체성에 관한 질문은 가장 중요한 질문이 되고, 이것은 관념의 문제가 아니라 실제 사회의 뼈대와 구체적 장면들을 바꿀 수밖에 없을 것입니다. 이미 그 변화는 우리의 선택과는 상관없이 강제적으로 시작되었습니다. 영성은 이런 시대에 인간의 고유한 가능성과 한계에 관한 중요한 질문과 관련되어 있습니다. 그것은 종교적 영역이 아니라 오히려 실제적이고 현실적인 질문으로서 다가오게 되고, 그 질문에 대한 답을 우리가 어떻게 내놓느냐에 따라 삶의 모습이 바뀔 것입니다. 이것은 미래학교가 무엇을 추구해야 할 것인가 하는 질문과 분리될 수 없습니다. 즉 영성과 교육, 미래사회와 미래교육, 미래학교에서 영성의 문제는 매우 중요한 주제와 방법론이 될 수밖에 없습니다. 저는 이와 관련하여 많은 생각과 노트를 가지고 있지만, 일단 이 책에서는 영성과 교육, 미래학교에 대해 적어도 다음과 같은 이슈들이 관계되어 있다는 제 생각을 공유드리며, 더 자세한 이야기들은 다음 책에서 다루고자 합니다.

🟦 오프라 윈프리가 말하는 'Who am I'

첫째, 미래학교는 인간성 또는 인간능력에 관한 전인적 발달을 목표로 해야 합니다. 물론 이러한 교육적 이상은 아주 오래되었지만, 현실의 제도교육에서는 추구될 수 없는 불가능한 목표나 윤리적 이상, 대안교육의 목표처럼 이해되어 왔습니다. 점점 이러한 교육적 이상을 포기한 결과가 현대의 지식 전달, 정보 중심형 학교 체제이고, 현대 학교의 바탕을 이루는 에듀케이션 시스템은 이제는 소외된 지식의 표본처럼 비판받기도 합니다. 그러나 정보 생산과 사회적 재생산을 위한 스킬, 지식 전수가 이제 더 이상 학교의 전유물이 될 수 없는 디지털미디어 사회에서 학교라는 주체는 시급한 전환을 모색해야 합니다. 그렇다면 어디로 어떻게 전환해야 할까요? 저는 인간의 내적 성숙, 창의성, 감정지능과 같은 영역을 적극적인 교육 영역으로 포섭해야 한다고 주장합니다. 그러나 인간성의 이러한 측면은 삶의 전체성에 대한 메타인지와 보다 높은 차원의 목표와 의미를 통해 인도되지 않으면, 여전히 기능적인 차원의 수준에 머무를 수밖에 없습니다.

맥락은 다르지만, 올해 제가 방문했던 뉴욕대에서 AI센터장인 셔키 교수는 세미나를 통해 '대학의 진정한 역할은 지식의 전수가 아니라 학습자 정체성의 형성'이라는 말을 했습니다. 저는 이 말이 인문적 성찰 없이 테크놀로지 자체에만 과도하게 몰입하고 있는 대한민국의 미래교육 정책을 향해 던지는 뼈있는 메시지로 들렸습니다. 특히 이러한 관점은 보통교육의 장에서의 교육공학은 기술적 지식의 습득이나 기술훈련의 방향이 아닌, 인간 정체성 형성을 돕는 유용한 방편으로 활용되어야 한다는 의미로 들렸습니다. 이렇게 된다면 테크놀로지는 인간성 형성과 고양을 위한 현명한 멘토, 좋은 지적 동반자가 될 수도 있다고 봅니다.

미국의 토크쇼 진행자 오프라 윈프리는 2012년 스펠만 대학 졸업식 연설에서 인생의 변화를 이끌어내는 성장의 원리에 대해 연설하면서 무엇보다도 '내가 누구인지를 알아야 한다"knowing who you are"'고 일갈합니다. 그것은 당신의 직업이 무엇이냐, 나는 어떤 직업을 가져야 하는가 하는 식의 물음을 뛰어넘어 자기 정체성을 묻는 메타인지적 물음입니다. 만일 이러한 상위 차원의 질문, 전체성을 향해 나아가는 자기 질문이 없다면 우리에게 학습과 직업 선택은 그 의미를 지극히 좁은 동물적 생존의 차원에 가두고, 학습과 일의 수행자를 먹어버리는 인간 소외의 과정이 될 수도 있습니다. 플라톤은 스승 소크라테스의 입을 빌어 대화편 「크리톤」에서 "사는 게 중요한 게 아니라 훌륭하게 사는 게 중요하다"는 말을 합니다.[40] 그러나 안타깝게도 현재 문명의 교육은 '사는 것' 자체에 몰두하고, 사는 것 자체를 위한 생존성 획득을 교육의 목표인 듯이 몰아붙이고 있습니다. 그러나 생존지식-기술 능력에 있어 인간과 비교할 수 없는 수행력을 지닌 기계생명체가 출현하고 있는 상황에서 생존성의 취득을 위한 지식-기술의 의미를 계속 고집한다면 어떤 결과를 초래할까요? 한정된 지식-기술의 차원이 좁은 의미의 '자기계발'의 차원이라면, 더 높은 차원으로의 자기 발견과 삶의 의미 탐색을 동반한 배움은 작은 자아를 확장하고 초월한다는 점에서 자기해방적이며 영성적입니다. 그것은 자기와 삶을 좁은 울타리에서 벗어나 더 크게 더 유연하게 더 훌륭하게 만드는 일입니다.

둘째, 창의성과 영성은 밀접한 관계를 갖는다는 것입니다. 해석하기에 따라서 창의성은 영성의 다른 표현일 수도 있습니다. 앞서 글로벌 기업들이 명상의 방법론을 기업교육의 차원으로 활용한 것에서 그 이유를 대강 짐작해 볼 수 있습니다. 창의성이 반드시 조직에만 봉사하고, 그것도 작고 배타적인 조직성에만 봉사하라는 법은 없습니다. 창의성은 제약, 억압, 왜곡, 고통으로부터의 해방이나 확장, 생명으로의 전환, 아름다움과 고귀한 것, 기쁨을 뜻한다고 볼 수도 있기 때문입니다. 창의성은 더 훌륭한 것과의 연결이며 내적 도약이자 자아의 기획만으로는 되지 않는 인생의 신비이자 만남입니다. 깊이 있는 내면으로의 귀환과 자기 대화, 반성적 태도, 생명력 있는 도약과 유연성, 감성지능 등이 창의력을 돕습니다.

저는 2023년 호암미술관이 리움미술관과 통합되면서 재개관을 했을 때 개관 기념 세미나 강연에 강연자로 초대받은 적이 있습니다. 호암미술관은 고미술을 수장하고 전시하는 미술관이었지만, 처음으로 현대미술전시를 개관 특집으로 열었는데, 그때 전시주제가 한국 미술가 김환기였습니다. 강연을 준비하던 저는 김환기의 작품을 모두 살펴보면서 그의 그림이 매우 '영성적'이라는 생각을 하게 되었습니다. 김환기는 현재 국제경매장에서 가장 비싸게 거래되는 한국 작가라고 합니다. 미술관 거래 작품 중 1위에서 9위까지가 김환기의 그림이라는 말도 전해 들었습니다. 그런데 그의 비싼 그림들은 초기작이 아니라 그의 생애 후반에 집중했던 추상화에 집중되어 있다고 합니다. 왜 그럴까요? 그 이유에 대한 가장 간단하고 상식적인 대답은 추상화가 인류적 보편성을 지니고 있기 때문이라는 겁니다. 그러나 구상화 중에서도, 에스닉한 수많은 작품들이 높은 평가를 받고 있기도 하다는 점에서 저는 그 이유를 전적으로 수긍하지는 않습니다. 저는 호암미술관 강연을 준비하면서 그 이유를 그의 추상화에 내재해 있는 '영성' 에너지라고 해석했습니다. 이때 제가 생각했던 영성은 특정 작품에 내재해 있는 종교적 내용이나 분위기가 아닙니다. 평생을 구상 시대 속에 있던 작가가 갑자기 논리적으로 설명이 되지 않는 창조적 도약을 통해 그의 작품명처럼 '우주'로 도약하는 퀀텀점프 같은 과정 속에 녹아있는 예측불가의 에너지를 말합니다. 여기에서 말하는 김환기의 '창조성'이란 바로 구상이 추상으로, 민족적이고 향토적 색채가 짙던 한 인간이 자신의 인간성마저 훌쩍 뛰어넘어 우주적인 것으로 도약하는, 예상할 수 없는 해방과 초월의 에너지를 말합니다. 이 에너지의 다른 이름을 저는 인문적이고 예술적으로 수행되는 '영성'이라고 해도 무방하다고 봅니다. 앞서 저는 보통교육 과정에서 그동안 이루어진 기술적 숙련도를 목표로 하는 '예체능' 수업이 '인문예술' 수업으로 전환해야 하는 것이 미래학교의 수업 방향이 되어야 한다고 말씀드렸습니다. 그 인문예술교육의 또 다른 방법이자 목표가 바로 영성으로서의 창조성, 영성의 획득이라고 할 수 있습니다.

거듭 강조하지만, 미래학교에서 가장 중요한 교육목표 전환의 영역이자, 미래교과이며 학습도구가 바로 예술, 문학, 체육 등의 인문예술 교과일 수도 있다는 말씀입니다.

■ 영성은 초연결을 지시한다

셋째, 세계와의 연결성입니다. 상기할 것은 '영성'이라는 키워드가 삶의 전체성을 내포한 말이기에, 그 자체로 만물의 연결을 뜻한다는 사실입니다. 미래사회 자체가 초연결성으로 이루어진 사회이므로, 자기와 자기의 연결을 통한 내적 성숙과 성장, 나와 타인과의 연결성의 자각에 기초한 사회적 책무성을 중요하게 여겨야 합니다. 또한 문명과 자연의 연결성에 대한 절제와 지속가능성, 지구시민성, 물질성과 정신성의 연결을 토대로 한 삶의 통합적이고 실제적인 인지, 윤리적 삶과 행복과 물적 토대에 관한 종합적 이해도 필요합니다.

이런 점에서 영국의 교육표준국OFSTED의 중등교육 기준에 관한 문서에 '영적 발달'에 관한 항목을 삽입하고 있다는 사실은 매우 의미심장합니다. 이 문서는 영성을 인간 생명의 비물질적 요소로 규정하며, 삶은 생물학적인 것 이상이기에, 삶의 비물질적 측면을 발전시키는 것 이상의 성찰적 실존을 교육에 도입할 것을 강조합니다. 특히 보통교육 과정에서 학생들에게 '영적 발달'이 뜻하는 의미는 공동체적 삶의 핵심 가치인 사회적·시민적 가치를 육성하고, 이를 학습의 내재적 원리 속에서 수용하는 것입니다. 이는 교육을 도구화하고 결과지향적인 것으로 접근하는 관점을 대체하는 효과를 갖습니다. 교육의 차원에 도입된 영성은, 교육이란 궁극적으로 무엇을 위해 하는 것인지, 교육받은 사람이 된다는 것은 무엇인지, 무엇이 교육받은 사회를 만드는지에 대해 질문하는 효과를 줍니다. [41] 이는 학교를 좁은 의미의 '학습 공간'이라는 관점에서 벗어나 궁극적 질문과 성장의 계기이자 보다 높은 차원의 공동성으로 묶는 역할을 합니다. 즉 삶에 대한 실제적이고 궁극적인 지혜를 추구하는 것이 교육의 본래 목표이자 미래교육의 목표인데, 이것은 교육을 대하는 영성적 관점과 다르지 않습니다. 미래학교는 영성의 수련을 교과의 한 목표이자 어쩌면 최종적 목적으로서 이해해야 할지도 모릅니다.

넷째, 기술 종속의 디톡스이자 필수 보완재로서 영성의 추구를 얘기해 보고자 합니다. 미래학교가 점점 더 자동적이고 디지털화되며 기계반응적인 공학적 요소들로 채워진다는 것은 거부할 수 없는 현실입니다. 그것은 기술적 합리성의 힘일 수도 있지만, 기술은 산업적 연관성을 그 자체로 상징하는 것이므로 여기에서 기술은 중립적 기술이 아니라 '기술자본'의 형태를 띠고 있습니다. 자본을 운용하는 것 자체가 사회의 성장 메커니즘이 된 세상에서 학교와 교육시스템의 '기술자본화'는 피하기 어려운 운명입니다. 하이데거의 말대로라면 존재의 역사적 운명이 있는 것처럼, 미래학교의 운명은 디지털기술사회의 필연적 결과로 나타나게 될 것입니다. 이것은 학교뿐만 아니라 사회가 그렇게 변하고 있기 때문에 사회체제의 일부인 에듀케이션이고, 사회시스템으로서 교육이 지닌 숙명일 수 있습니다. 그러나 기울어진 운동장에서 영성은 기계적 메커니즘, 물질적 메커니즘, 그것이 배태하는 윤리적 파괴, 자동화 알고리즘에서 지워지는 인간의 반성적 질문 능력, 물질이 먹어버리는 인간성과 가치, 쾌락 중독, 소유 중심의 물화된 삶, 폭주하는 욕망 등에 대해 여백을 제공할 수 있습니다.

영성은 현실원칙에 종속되어 폭주하는 동물적 생존 정당화에 대해, 고요하지만 거부하기 어려운 준엄한 사유와 질문의 여백을 제공하고, 생활 감각에 찌든 중독성에 디톡스를 제공합니다. 또한 문명의 죽음충동에 맞서 아름다움을 향한 고양과 숭고미, 자연의 신성함을 감각하게 하는 통로가 될 수 있습니다. 지금까지 학교가 하지 않았던 이 영역은 제도화된 전통적 고등종교의 몰락과 기능 상실이 가시화되고 있는 현 상황에서, 교육의 숭고한 고양과 보루 확보를 위해 '새로운 학교'가 가장 창조적으로 설계해 나가야하는 필수 영역인 것입니다.

다섯째, 메타인지와 자기 대화, 상호 대화의 매개로서의 영성적 툴의 효용성입니다. 문명의 교육시스템은 지나치게 정교화되고 논리화되어 있어 체계 속에 학습자를 종속시켜 알고리즘화하며, '너머'를 보기 어렵게 합니다. '너머'를 보려면 일정한 거리를 통해 대상을 객관화 하는 일이 필요합니다. 대화는 이런 객관화 훈련의 한 방식이기도 합니다. 그런데 대화에는 타자와의 대화도 있지만, 자기와의 대화도 있습니다. 이 대화는 궁극적으로 대화의 주체와 당사자들이 자신과 타자의 차이를 이해하고 수용하며 그 둘이 동시에 이어져 있기도 하다는 전체성을 인지하는 과정인데, 이 과정에는 일정한 가이드 역할을 위한 매개가 필요합니다. 이 매개는 더 포괄적이고 상위에 속한, 즉 전체성의 차원 속에서 운영되어야 하며 궁극적인 존재 완성을 향한 암시가 들어 있어야 상승의 가이드가 가능합니다.

동서양을 막론하고 문명의 영성 프로그램은 이 과정을 이끄는 많은 훈련방식을 갖고 있습니다. 꼭 고등종교 영역이 아니더라도 메타인지와 대화를 매개하는 도구들이 많으며, 그것은 탈종교화, 그러나 일상의 영성화가 진행되는 문명의 추세에 따라 더욱 확산될 것입니다. 명상의 유행과 요가의 스포츠화가 그러하며, 젊은이들이 열광하는 MBTI나 타로 같은 자기 인지 프로그램 역시 그러한 메타인지 및 대화적 도구의 일종인 것입니다. 어떻게 접근하느냐에 따라 미래학교는 이러한 도구들을 활용해 학습자의 무의식을 열고, 상호 대화의 개방성을 확장하는 친밀하면서도 유의미한 교육적 계기로 충분히 활용할 수 있을 것입니다.

마지막으로 일찍이 교육과 영성의 관계를 깊이 있게 성찰했던 루돌프 슈타이너의 교육철학에 기초한 발도로프 학교는 더 이상 '대안교육'이나 '대안학교'가 아니라 미래학교라는 관점에서 오히려 지금 더 연구할 필요가 있습니다. 이 학교의 특징을 간단히 언급하는 것으로 이 장의 이야기를 마무리합니다.

대체로 미래학교와 관련할 때, 발로로프 학교의 교육철학 및 교과는 다음과 같은 특징을 지니는 것으로 알려져 있습니다.

1) 교육을 내적 성장과 삶의 의미를 탐구하는 과정으로서 이해한다. 2) 세계와의 깊은 연결성을 각성하게 한다. 3) 이러한 자각을 돕기 위해 명상, 예술, 자연을 중요한 학습자원으로 활용하며, 이 자원들의 기능적 숙련을 교육목표로 추구하지 않는다. 4) 교사는 지식의 전달자가 아니라 총체적 인간 성장을 돕는 멘토다. 5) 공동체, 자연, 우주와의 연결성을 자각하고 높은 수준의 공동체성을 회복하고 도모한다. 6) 이를 위해 의식과 축제 등 정신의 고양과 각성을 위한 계기들을 교육과정 안에 중요한 의례로 포함한다. 7) 학교를 좁은 의미의 지식학습 장으로 보지 않고 전체적 성장을 위한 공간으로 이해하며, 학교의 공간성을 특정한 장소에 속박시키지 않는다.[42]

015

네 개의 교실과 오래된 미래

📖 스쿨, 여유와 휴식

미래학교에 관한 생각을 할 때마다 떠오르는 역설이 있습니다. 그것은 '미래학교'가 실은 교육에 관한 인류의 포기할 수 없는 꿈을 실현시키려는 '오래된 미래'라는 사실입니다. 우리가 지금 '학교'로 번역하는 영어 단어 'school'은 라틴어 'schola'에서 유래했으며, 대부분의 유럽어는 학교를 schola에서 유래한 단어들로 사용하고 있습니다. 독일어의 Schule, 스페인어 escuela, 포르투갈어 escola, 이탈리아어 scuola 등이 그 예입니다. 그런데 이 낱말은 그리스어 'skholē σχολή'에 기원을 두고 있습니다. 그렇다면 'skholē'는 원래 무슨 뜻이었을까요? 놀랍게도 이 낱말은 '여유, 휴식, 한가로움' 등의 원뜻을 가지고 있습니다. 이 원뜻은 다음과 같은 두 가지를 함의합니다.

고대 그리스에서 학교라는 공간에서 이루어진 강의와 토론은 '여유' 속에서 진행되었다는 겁니다. 이 여유로운 행위가 이후 강의와 토론이 이루어지는 장소라는 의미로 확대되고, 결국 장소로서의

3교시 ○ 가까이 있으나 멀어져 있던 것들을 다시 잇기

240

학교라는 의미로 굳어집니다. 이는 강의와 토론이 노동하지 않는 계층, 즉 자유민들의 창조적 행위이자 권리라는 계급적 함의를 띠고 있다는 말이기도 합니다. 그러나 우리가 지금까지 했던 논의와 관련하여 더 중요한 함의는 학교란 본래 여유 있는 마음과 안정 상태에서 말을 하고, 생각할 수 있는 공간이었다는 사실입니다. 지적 발전도 미적 창조도 정신적 여유에서 나옵니다. 이 여유는 즉각적으로 토해내야 하는 성과물이나 생활·생존의 산물을 압박하지 않았습니다. 그들에게 '여가schole'는 노동과 노동 사이에 다음 노동을 준비하기 위한 '끼인 시간'이 아니라, 충족성과 완결성을 지니는 자유와 인간 정신의 고양, 내면 성찰, 자연에 대한 지적 탐색, 공동체적 삶과 시민성에 대한 토론의 장이었으며 이것은 '교육' 그 자체를 의미했습니다. 그들은 이를 '학교'라고 불렀습니다.

저는 미래학교에 대한 생각을 할 때마다, 학교의 시작을 보여주는 최초의 어떤 장면이 떠오릅니다. 그것은 꼭 그리스가 아니더라도 교실 풍경 같은 몇 개의 우화적 장면입니다. 제 머릿속에 반복되어 온 세 개의 교실, 학교의 '오래된 미래'에 관한 원장면을 떠올리는 것으로 이 책의 이야기를 마무리하고자 합니다.

📖 첫 번째 교실,
다원적으로 대화하는 코치 소크라테스

앞서 school의 어원으로서 그리스어 'skholē σχολή'에 관해 이야기했습니다. 이 장면에 정확히 부합하는 가장 좋은 예가 바로 소크라테스의 교실입니다. 소크라테스의 교실은 특정한 물리적 장소에 한정되지 않았습니다. 그는 진리에 대한 논증이 필요한 곳이면 어디든 달려갔으며, 누구와도 대화하기를 꺼리지 않았습니다. 그는 거리를, 시장을, 광장을, 다시 말해 세상을 학교로 삼았습니다. 그의 강의에 빠져들어 팬덤을 이룬 것은 주로 가문이 좋은 아테네의 청년들이었지만, 그의 강론과 토론 상대가 이들에게 특정된 것은 전혀 아니었습니다. 그는 시장에서, 신전 앞에서, 길거리에서, 밭두렁에서, 포도원에서, 그 장소가 어디든 늘 토론할 준비가 되어 있었으며, 당대의 가장 유명한 학자들과 토론하는 것을 자기 임무로 삼았습니다. 시민들을 열정적으로 계몽하고 각성시키려 했으며, 노예 아이에게도 진리에 이를 수 있는 잠재력이 있다는 사실을 그 아이와의 직접 대화를 통해 알려주었습니다. 참된 앎, 그리스어로 '에피스테메epistheme'에 관한 한 그는 가장 성실하고 겸손하며 열정적인 수행자였습니다. 여기에서 특히 주목해야 할 것은 바로 그의 대화법과 산파술입니다. 소크라테스의 대화법은 질문과 대답을 통해 진리에 도달하려는 교육적 방법이자 철학적 방법으로, 대화를 통한 비판적 사고와 자기 성찰, 지적 자유, 탈권위, 다원성을 핵심으로 합니다. 이 장면을 생생하게 보여주는 것이 플라톤의 솜씨로 재현된 『메논』입니다. 이 작품은 '덕-탁월함arete'에 대한 대화입니다. 이 대화에서 소크라테스는 덕-탁월함이 과연 교육될 수 있는 것인지, 학습시킬 수 있는 것인지에 대해 토론합니다. 이것은 지식을 가지지 못한 한 인간이 질문과 대답, 즉 대화만을 통해 참된 앎에 도달할 수 있는지에 관한 논쟁적 이야기이며, 지식과 앎의 본질이 무엇인지, 교육이란 어떻게 이루어지는 것인지를 탐구하는 중요한 텍스트입니다. 그의 대화는 현대 학습 과정의 모범을 보여줍니다.

　이 대화는 소크라테스가 메논에게 '덕-탁월함'이란 무엇인가?'라는 질문을 던지며 시작됩니다. 메논은 처음에는 '덕-탁월함'에 대해 자신이 잘 알고 있다고 생각하지만, 소크라테스는 끝없이 이어지는 질문 세례를 통해 메논의 지식이 명확하지 않다는 것을 증명하며, 끝내 메논 스스로 자신의 무지를 자각하고 인정하게 만듭니다. 소크라테스적 대화의 특징은 질문자인 소크라테스가 정답을 제시하지는 않으며, 답을 알고 있다고 생각했던 대화자가 스스로 자기 무지를 인식하게 만드는 과정에 있습니다. 그의 대화 목표는 스스로 자기 인식의 한계를 자각하고, 자신의 무지를 인정함으로써 그가 다시 학습에 나설 수 있게 하는 동기로 삼는 것입니다. 그 무지의 자각이 질문을 통해 또 다른 질문으로 이어지는 탐구 과정이라는 점도 학습 과정과 유사합니다. 소크라테스에게 중요한 것은 답보다는 빈틈없는 질문이며, 이는 문제의 설정과 디자인 자체를 고등 학습능력으로 이해하는 현대적 학습이론의 관점에서도 특별합니다.

또한 그의 방법은 교사의 역할이나 교수학습법의 관점에서도 중요한 시사점을 던져 줍니다. 소크라테스는 구체적인 예시나 반례를 통해 학생이 스스로 생각하도록 유도하며, 스스로 답을 찾도록 도와줍니다. 미래교육에서 가장 강조되는 것은 교사의 역할과 학습자의 능력에 관한 사고 전환입니다. 답은 학습자에게 있는 것이지 교사가 주는 것이 아닙니다. 소크라테스의 교수학습법은 끊임없이 질문과 답변이 오가는 변증법적 구조를 갖고 있습니다. 메논이 덕-탁월성의 개념을 정의내릴 때마다 소크라테스는 더 깊이 있는 질문을 던져 그의 개념 정의가 불완전하다는 사실을 드러냅니다. 이러한 과정을 통해 메논은 덕-탁월성의 본질에 대해 종래 자신이 주장하던 것과는 다른 새로운 통찰을 얻게 됩니다. 그러나 이것은 소크라테스가 가르쳐 준 것이 아니라 메논 스스로가 터득하게 된 앎이며, 오늘날 미래교육의 학습이론으로 보면 그야말로 '자기주도학습'이며 '코칭'이라고 할 수 있습니다. 소크라테스는 '티칭'하지 않고 '코

칭'합니다. 그는 '코칭'에 관한 가장 탁월한 모델이자, 서양 최초의
코칭 교수학습법을 창안한 학습과학자이며 교육실천가였습니다.

여기에서 중요한 것은 그의 코칭과 학습자 중심의 자기주도학습
이 앎-지식의 본질, 그리고 학습주체에 관한 각별한 신뢰를 바탕으
로 하고 있다는 사실입니다. 코칭이라는 교수학습법이 진정으로 효
과를 보기 위해서는, 그것이 교육방법론의 일종이라는 생각을 넘어
서야 합니다. 그것은 교수자가 학습자의 지적 능력에 관해 절대적
신뢰를 갖고 있다는 전제가 있을 때만이 효과를 볼 수 있으며, 이는
인간 능력에 관한 낙천적 철학에 기반해 있습니다. 소크라테스가
학습자-인간의 지적 능력에 관해 갖고 있는 신뢰의 장면을 이 대
화편은 매우 인상적으로 보여줍니다. 이른바 진리-학습의 '회상설
anamnesis'이라고 불리는 장면입니다.

소크라테스는 밭에서 일하고 있는 노예 소년을 대화 중에 불러
와 특이하게도 삼각형 공리에 관한 기하학적 문제를 그 스스로 해
결하도록 하는 대화법을 펼쳐 보입니다. 이때 소크라테스는 그의
교수법처럼 질문을 통해 그가 문제의 답을 스스로 찾아가도록 유도
합니다. 노예소년이 공부라는 것을 해 본 적이 없으리라는 것은 분
명합니다. 게다가 예나 지금이나 어렵기 짝이 없는 기하학이라니
요. 소크라테스는 이 풀이 문답 과정을 통해 학습은 새로운 지식을
배우는 것이 아니라, 원래 알고 있던 것을 다시 떠올리는 과정이라
고 설명합니다. 플라톤의 이데아론과 짝을 이루는 이 유명한 앎-지

식의 이론을 철학사에서는 회상설/상기론anamnesis이라고 부르는데, 이 이론은 지금 현대철학의 인식론에까지도 여전히 막강한 영향력을 행사하고 있습니다. 현대의 가장 위대한 언어학자라고 불리는 노엄 촘스키MIT 교수의 대표적 언어이론인 '변형생성문법'이라는 것도 이 상기론의 현대적 버전입니다.

🔲 학습자를 자극하는 산파-교사

교사의 지식이 아니라 학습자 안에 있는 진리를 각성하고 그것을 꺼내라는 소크라테스의 교수법을 산파술maieutics이라고도 부릅니다. 산파는 산모의 출산을 촉진시키는 존재이자 가이드이지 아기를 낳는 사람이 아닙니다. 소크라테스는 소년 기하학자 테아이데토스와의 대화에서 자신의 정체성이 '산파'라는 사실을 매우 분명하게 확인시키고 왜 그런지에 대해 정확하게 규정합니다.[43] 소크라테스의 이런 방법론은 학습자들의 지적 능력을 이미 잠재적으로 알고 있는 것을 스스로 발견해내는 능력입니다. 따라서 자기주도학습, 탐구기반학습을 통해 인지 능력의 주체성을 향상시키는 것이 오늘날의 미래교육이라는 관점에 기원적 모형을 제시합니다. 이때 이 자기 주도성은 저절로 이루어지는 것은 아니며 교사가 불필요하다는 것도 아닙니다. 교사가 없다면, 교사의 정교한 질문이 없다면, 학생과 교사의 치열한 문답 과정이 없다면, 문답의 프로세스가 잘 디자인되어 있지 않다면 결코 앎은 성취되지 않습니다. 그러므로 이 문답 과정은 코칭에 관해 다음과 같은 전제를 또 확인시켜 줍니다. 코칭의 수준은 학생의 눈높이에 맞게, 즉 개별적으로 이루어져야 하며, 교사는 학습자의 상태를 잘 알고 있어야 한다는 사실입니다.

더 중요한 것은 교육적 문답에서 대화가 원활하게 이루어지기 위해서는 교사와 학습자 간의 신뢰가 매우 중요하다는 사실입니다. 학습자는 교사의 날카로운 질문이 자신을 무시하는 것이 아니라는 사실을 믿고 있어야 하고, 어떤 대답이나 대화도 가능하다는 신뢰 속에서만 대화는 자유로울 수 있으며, 진리에 도달할 수 있는 변증법적 계기를 마련할 수 있습니다. 이는 미래교육에서 학습과 학교가 지적 훈련의 장을 넘어 정서적 성장을 지원하는 곳이라는 주장과 관련해서도 시사점을 띱니다. 학교의 '안전성'이란 배움이 일어나는 전 과정에 걸쳐 성장을 위한 정서적 신뢰를 제공하는 것까지를 포함합니다. 더불어 그의 대화가 앎을 다원주의적 관점에서 검토하면서도 최종적으로는 절대적 진리를 향해 나아가는 변증론적 방식이었다는 점도 참고할 만합니다. 그는 당대의 많은 소피스트처럼 지식의 상대주의 또는 진리의 회의주의를 주장한 사람이 아니며, 절대적인 지식을 향해 직진한 매우 성실한 구도자였지만, 그 절대적 진리를 탐구하는 학습의 과정 자체는 매우 다원주의적으로 구성되었습니다. 그는 앎-진리를 소유했다고 주장하는 당대의 대학자들에게 그들의 앎이 지닌 한계와 부정합성을 따지는 일에는 한치의 물러섬도 없었지만, 그 절대적 지식에 도달하기 위한 과정은 개

3교시 ○ 가까이 있으나 잊어져 있던 것들을 다시 읽기

방적이며 겸손하게 이루어졌습니다. 그는 스스로를 아테네 시민의 교사로 지칭했지만, 자신이 어떤 참된 앎을 소유하고 있다는 생각을 하지 않았으며, 오히려 자기를 '무지한 스승'이라고 불렀습니다. 도그마에 빠지지 않은 스승은 그러므로 자신의 입장을 관철하고 강변하기 위해 토론하지 않았으며, 생각을 지닌 많은 사람들과 대화하며, 그들이 펼치는 생각의 논점을 일단 성실하게 경청하고, 그 이후에 그 앎의 진리성을 개방적 차원에서 검토했습니다. 그의 대화는 한 사람과 이루어지기도 하지만, 여러 사람의 관점이 동시에 개입하고 다각도로 검토되는 과정을 자주 거치곤 했습니다. 소크라테스의 진리문답, 교수학습법은 과정의 다원주의, 결과의 절대주의라는 입장을 채택하는데, 이것은 질문 중심 학습과학의 원리이자, 학문 탐구의 모범적이고 이상적인 모델이기도 한 것입니다. 그러므로 미래학교를 모색하는 교사와 학교에 소크라테스의 교실이 특별히 기억할 점을 덧붙이자면 다음과 같습니다.

📖 교사는 에고를 죽이고, 학교는 지금을 살아라

첫째, 그의 코칭법에서 가장 중요한 것은 잘 보이지 않는 요소를 기억하는 것입니다. 그것은 기술이 아니라 코칭에 임하는 그의 태도로서 코치-질문자의 '에고 없음'입니다. 이제 많은 교사들이 미래교육에서의 코칭의 중요성에 대해 인식하기 시작하고, 교수법에 코칭을 도입하기 시작했지만, 교사가 진리 문제에 있어 이미 무언가를 알고 있다는 식의 위계를 전제하고 있다면 그 효과는 매우 제한적입니다. 산파술은 소크라테스 어머니의 이름처럼 '파인아레테 phainarete' 즉, 학습자로부터 그의 달란트를 도출하는 과정이며, 여기에서 달란트를 지닌 것은 교사가 아닙니다. 따라서 대화적 코칭 과정에서는 교사의 '에고'는 최대한 이완되어 있어야 합니다. 교사의 완고한 에고로 인해 코칭이 이미 주어진 정답을 암시하거나 학습자의 자유롭고 예측불가능한 대답의 범위를 제한해서는 안 됩니다. 소크라테스가 자기가 제시하는 정답 없이 오직 질문만으로 이 과정을 이끌었다는 사실은 그런 태도를 함축하고 있습니다. 그의

제자 플라톤이 소크라테스와 소피스트들을 등장시켜 쓴 저작들이
서양철학사에서 최초이자 마지막으로, 유일하게 대화형 드라마 형
식으로 쓰였다는 사실은 매우 인상적입니다. 그는 스승의 대화법이
야말로 가장 진화된 '미래교육-교수학습법-코칭'이라는 사실을 알
고 있었기에 그 저작물 역시 이런 대화 형식으로 썼던 것입니다.

　둘째, 성장하는 대화를 위해서는 대화가 놓여 있는 조건이나 상
황이 말랑말랑해야 하며 기울어진 운동장이어서는 안 됩니다. 성
장하는 대화에는 '좌장'이 있어서도 안 됩니다. 소크라테스는 대화
를 능동적으로 가이드했을 뿐, 자기를 진리-앎의 중심에 놓지 않았
습니다. 대기업에서 임원급 직원들이 하는 우스갯소리 중에 '전지
적 회장님 시점'이란 게 있습니다. 대기업 회장실에서 자유로운 대
화를 하자고 회의가 소집되면 실제로는 보이지 않게 대화를 조정하
고 규율하는 '전지적 회장님 시점'이 있다는 겁니다. 회장님의 구미
에 맞게 그의 생각과 취향을 반영한 결정 방향은 이미 정해져 있다
는 것이지요. 학교에서도 교무회의를 규율하는 '전지적 교장/총장
시점', '전지적 이사장님 시점', 이런 전제적 압력들이 대화 상황의
바닥에 놓여 있으면 '새로운 학교'는 만들어질 수 없습니다. 교사와
학생, 교수와 학생 간에도 대화 상황은 비슷하지 않을까요? 그러므
로 대화적 상황의 개방성과 평등성을 위한 '컬처culture'가 중요합
니다.

　미래학교에서 가장 중요한 것이 바로 컬처 디자인, 컬처 엔지니

어링입니다. 독재국가도 헌법은 훌륭하게 설계되어 있는 경우가 대부분입니다. 그러나 실제 그 법령이 작동하는지의 여부를 결정하는 것은 컬처입니다. 민주적 헌법을 지녔음에도 불구하고 명확한 한계를 노출한 20세기 학교들의 절반의 성공과 절반의 실패 지점에는 컬처 디자인의 중요성을 인식하지 못했다는 사실이 매우 크게 작용합니다. 교육철학자였던 라인홀드 니부어는 도덕적 인간들이 모여 사는 곳에서 왜 비도적적 사회가 만들어지는가 하는 유명한 질문을 던졌는데, 이는 학습을 둘러싼 교육적 상황에서도 마찬가지입니다. 사람들을 꼼짝달싹 못 하게 하는 어떤 무언의 분위기가 대화의 전제 맥락에 깔려있는 것입니다. 그런 점에서 소크라테스의 교실은 미래학교 디자인이 미래학교 컬처 디자인, '컬처 엔지니어링'이라는 사실을 암시합니다.[44]

이 이야기는 자연스럽게 세 번째로 이어집니다. 그것은 가장 진화한 미래학교란 '미래'를 도래할 앞으로의 과제로 설정하는 것이 아니라, 즉각적으로 그 원리를 실행하는 '지금 여기-학교'라는 것입니다. 진화의 원리를 알았다면 진화를 추구하는 학교는 지금 할 수 있는 진화의 원리를 최대한 즉각 실행하면 됩니다. 제가 경험하고 관찰한 학교 중 성공한 미래학교들은 그 원리를 지금 가능한 선에서 즉각 실행하는 반면, 그렇지 않은 학교들은 그것을 '미래의 과제'로 '공부처럼' 미뤄둡니다. 이미 세상에는 대안학교, 혁신학교, 미래학교를 선언한 크고 작은 학교들이 있습니다. 그런 학교들 중에도 제 길을 뚜벅뚜벅 가는 학교가 있는가 하면, 선언을 현실로 만들지 못하고 정체된 학교, 실패의 길을 가는 것처럼 보이는 안타까운 학교도 있습니다. 내용에 있어서는 진보적 교과를 구축했지만, 실제 진화된 문화를 학교 내부로 끌어들여 '살지' 못하기 때문에 미래학교는 선언적 미완의 과제로 유보됩니다.

이육사의 시 「광야」에는 '다시 천고의 뒤에/백마 타고 오는 초인이 있어/이 광야에서 목 놓아 부르게 하리라'는 시구가 나옵니다. 인간과 삶의 진화를 열망하는 선구자가 그 열망을 가장 빨리 앞당기는 방법은 현재를 미래처럼 당겨서 '지금 여기'의 삶을 그 방식으로 '바로 사는' 것입니다. 악보를 보고 악보를 공부하는 것이 아니라 그 악보로 바로 노래를 부르면 됩니다. 내가 열망의 노래를 목놓아 부르는 순간 '천고의 뒤'가 '지금 여기'의 현실이 됩니다. 미래학교는 지금 여기의 학교가 됩니다. 기원전 5세기의 소크라테스의 교실이 미래학교로 소환되는 이유가 바로 그것입니다. 그는 진화한 교육의 삶 그 자체를 실천함으로써 길거리 교실을 이미 당대에 미래학교로 선취해버렸습니다.

넷째, 소크라테스의 앎이 지닌 통합적 성격을 숙고해 볼 필요가 있습니다. 그의 앎-공부는 사실적 지식, 규범적 지식, 책임지는 지식이 통합된 형태였습니다. 그는 좋음과 정의에 관해 '안다는 것은 그것을 행하는 법을 아는 기술을 습득하는 것'이라 여겼습니다. 수영선수가 수영에 대해 이해하면 수영을 못할 수 없는 것처럼, 좋음과 정의에 대한 앎은 좋은 삶과 정의로운 삶을 사는 일과 분리될 수 없는 일이라고 여겼습니다. 이 실천은 지적 당위와 실천적 당위가 분리되지 않으며, 나아가 '책임지는 앎'의 윤리를 동시에 포함한 것이었습니다. 그가 재판정에서 억울한 사형선고를 받고 난 후, 감옥으로 찾아와 도망치라는 친구 크리톤의 권유를 받고서도 도망치지 않은 이유가 여기에 있습니다. 소크라테스는 '악법도 법이다'를 수용한 것이 아니라 선과 정의의 원리를 깊이 내면화한 사람이 그 원칙에 따라 행위하지 않을 수 없다는 자기 일관성을 견지하며, '책임지는 앎'의 생생한 실례를 보여준 것입니다. 감옥에서 나눈 크리톤과의 대화는 그래서 탈옥 장면의 인간적 에피소드가 아니라 '사실적 앎-규범적 앎-책임지는 앎'에 대한 감동적인 '교실', 철학적 대화가 됩니다. 그래서 플라톤이 스승의 죽음과 관련한 마지막 풍경을 자신의 철학적 대화편에 넣은 이유가 수긍이 갑니다.

미래학교는 미래의 삶에 관한 다양한 앎-지식의 문제를 다루고 수용하는 학교입니다. 그러나 21세기의 학교는 20세기 학교와 달리 매우 도전적인 문명 상황에 직면해 있습니다. 그것은 21세기 앎-지식의 성격이 개인적으로나 공동체적으로나 문명사적으로나 매우 실천적인 성격을 지시하고 있다는 것입니다. 이 실천성은 '마땅히 해야 한다'라는 규범성, 즉 선택적 여지를 지닌 원론적 규범성을 넘어서, 앎이 지시하는 삶의 방향에 관해 '내가 그 삶을 책임진다'라는 책임성을 부과합니다. '어린 왕자'의 여우도 길들인다는 것은 관계를 맺는 것이며, 그것은 책임지는 것이라고 얘기했습니다. 소크라테스는 배움을 통해 나와 앎이 연결된다는 것은 앎의 대상, 앎의 세계가 내 안으로 들어온다는 뜻이며, 그것은 세계와 내가 맺는 책임성을 뜻한다고 여겼습니다.

📖 두 번째 교실, 정신분석가의 안전한 카우치

저는 정신분석가psychoanalysist의 상담실, 환자가 편안하게 누워 있는 상담실의 카우치를 미래학교의 두 번째 '교실'로 떠올리기도 합니다. 정신분석psychoanalysis은 지그문트 프로이트가 발견한 '무의식unconsciousness'을 탐구하는 학문이자 치료 기술입니다. 프로이트가 쓴 『꿈의 해석』은 1900년에 출간됨으로써 20세기를 연 기념비적인 책이며 현대성의 가장 중요한 발견 중 하나로 평가됩니다. 무의식의 발견 이전에 사람들은 자기를 '하나'의 존재로 이해했으며, 자기 안에 또 다른 내가 존재한다는 생각을 하지 못했습니다. 자기가 자기를 다 알고 있으며, 자기 욕망을 이해하지 못했기에 지성의 힘을 통해 자기를 온전히 통제할 수 있다고 과신했습니다. 인간은 자기를 동물이 아니라 지적 능력만으로 특별해진 '신을 닮은' 특권적 존재라고 이해했습니다. 정신분석은 이러한 자기 이해가 인간에 대한 인지 착오에서 비롯된다고 여겼으며, 무의식의 발견을 통해 온전하고 리얼한 자기 이해에 도달할 수 있으며, 이 과정이 자기를 발견하는 기술이자 치료술이 될 수 있다고 보았습니다.

정신분석가의 치료법을 잘 살펴보면 정신분석의 대화 과정은 신뢰의 대화에 기초한 자기 발견의 과정이라는 점에서, 내적 성장과 정신적 성숙을 향해 가는 학습자와 교사, 학생 간의 교육 원리를 닮기도 했습니다. 정신분석가의 전형적이면서도 가장 중요한, 어쩌면 유일한 치료기술은 바로 대화입니다. 정신분석은 자기의 심리적 문제를 들고 찾아온 이를 '환자'라고 부르지 않고 '대화를 위해 찾아온 사람'이라는 뜻에서 '내담자來談者'라고 부르며, 그와 대화하는 의사를 상담자 또는 분석가라고 부릅니다. 그만큼 정신분석의 기술에는 담화, 대화가 핵심을 이룬다는 뜻입니다. 이 과정은 의외로 단순하게 이루어집니다.

프로이트가 디자인한 정신분석가의 상담실은 의외로 간단한 공간으로 이루어져 있습니다. 분석가가 앉은 의자 옆에 내담자가 편안하게 누울 수 있는 카우치가 전부입니다. 특별한 의료기구도 없고, 약물도 없습니다. 이 둘 간에 이루어지는 '치료'의 과정을 매개하는 것은 상담실에 있는 두 사람 간의 절대적 신뢰입니다. 내담자는 자기도 원인을 모르는 마음의 문제, 마음의 고통, 극심한 정서적·정신적 장애를 가지고 있기때문에, 대체로 이 문제들은 아주 깊숙한 내면에서 나오는 우물 같은 목소리를 통해서만 살짝 엿볼 수 있을 뿐입니다. 이 우물은 아주 깊은 어둠 속에 있어서 한 사람이 평생 죽을 때까지 퍼 올려지지 않는 경우가 대부분입니다. 하지만 한번 심각하게 문제가 생긴 마음의 고통때문에 그는 마음속 우물을 퍼 올리지 않을 수도 없습니다. 문제는 내담자가 이 우물 속에서 자기 마음을 퍼 올리는 것을 극도로 두려워한다는 사실입니다. 자기도 보고 싶지 않은 끔찍한 마음의 풍경을 바라봐야 하기 때문이지요. 내담자는 극심한 정서적 고통으로 상담자를 찾아왔지만 자기 얘기를 꺼내 놓기를 꺼리며, 이것은 자기도 마음대로 할 수 없습니다. 정신분석은 이 마음의 저항을 뚫고 내담자의 내면을 발견하고 드러내게 하는 대화와 경청의 기술이라고 할 수 있습니다. 이 대화와 경청의 기술은 곧 자기 발견과 정서적 치유, 성장의 과정으로서 학습자와 교사의 대화 과정 그리고 역할과 관계를 떠올리게 합니다. 이를 미래학교의 교실이라는 관점에서 이해해 보면 다음과 같은 시사점을 찾을 수 있다고 저는 생각합니다.

　정신분석은 개인이 자신의 무의식적 갈등을 탐구하고 자아를 성찰함으로써 심리적 치유와 정체성을 찾아가는 성장의 과정입니다. 내담자는 분석가와의 대화를 통해 자신의 억압된 감정과 기억을 표출하고, 분석가는 이 감정과 기억의 의미를 해석해 주는데, 이 해석의 의미를 최종적으로 수용하는 사람은 내담자입니다. 사실의 발견과 의미의 재해석을 통해 자기 삶을 다시 '올바르게' 정향하는 것입니다. 이때 자기 발견은 자기를 객관적으로 관찰한다는 점에서 메타인지적인 과정이며, 이는 인지능력을 지적 과정으로만 파악하지 않고 정서적 차원과도 결부짓습니다. 여기에는 감정지능도 관련되고, 자기 경험에 대한 깊이 있는 이해는 앎의 문제. 메타인지와 관련됩니다. 이때 중요한 것은 정신분석적 대화가 세상의 틀에 자기를 끼워 맞추는 페르소나를 쓰는 '적응'이 아니라, 자기다움의 발견을 통해 자기를 '인정'하게 하는 자기 이해의 과정이라는 사실입니다. 이 인정에서 중요한 것은 내 안에 나도 보기 싫은 다원적 타자가 있다는 사실의 정직한 수용입니다.

교육적 성장의 진정한 의미를 어떻게 해석할 수 있을까요? 저는 지금까지의 교육이 세상이 요구하는 답을 제 몸에 강제로 수용하는 과정이었다고 한다면, 미래교육은 그의 타고난 달란트에 맞추어 학습자의 정체성을 찾아주고 성장시키는 과정이라고 생각합니다. 미래교육에서는 맥락 없는 지식이 아니라, 자기 삶에 구체적으로 맥락화 된 의미 있는 계열을 구축하는 것이 중요하며, '리터러시literacy'조차 단순한 문해력이 아니라 자기 정체성을 형성하는 데에 필요한 앎의 과정과 동기를 탐색하는 지적이고 정서적인 삶의 여정으로 이해됩니다.[45] '악의 평범성' 개념으로 유명한 정치철학자 한나 아렌트는 이를 '타고난 자기다움natality'이라는 말로 표현합니다. 학습자의 자기다움을 억압하지 않고 구현하게 하는 '코칭'이야말로 교육의 진정한 목표가 되어야 한다는 것입니다. 한나아렌트에 따르면 '타고난 자기다움'을 발현시켜야 세계가 새로워지고 풍요로워진다고 합니다. '세계의 탄생'은 자기다움을 지닌 존재들의 탄생 자체가 만드는 사실성입니다.[46]

또 학습 과정에서 학습자가 겪게 되는 탐구와 발견의 과정은 정신분석 상담 과정에서 자기 탐구 과정이 겪는 심리적 저항과 실패의 드라마를 닮았습니다. 정신분석에서 인간 행동과 사고는 무의식적 욕망, 갈등, 억압된 기억에 의해 좌우된다고 봅니다. 교육에서도 학생들이 무의식적으로 학습에 영향을 받는 요소들이 존재합니다. 학습에 대한 두려움, 과거의 실패 경험, 특정 주제에 대한 억압된 감정 등이 학습 동기에도 영향을 미칠 수 있습니다. 미래학교의 교실에서는 학습에 장애를 만드는 무의식적 요소들을 교사가 인지하고, 학생들 스스로 이 장애물을 극복하고 학습할 수 있도록 학습 환경을 만들어 주어야 합니다. 교사는 지식을 티칭하기보다 능동적 학습역량 발휘를 위한 환경 조성에 더 힘을 기울일 필요가 있습니다. 교육시스템은 학생들이 학습 과정에서 느끼는 불안, 저항, 또는 무의식적 패턴을 파악하고 이를 다룰 수 있는 학습 데이터를 제공해 주어야 합니다. 만일 AI와 같은 교육공학이 에듀케이션 시스템에 개입한다면 이것의 가장 창조적이고 훌륭한 사용법은 단순한 계산 도구나 검색 기능이라기보다는, 교사나 학습자 자신도 스스로 인지하지 못한 심리적 저항이나 습관적 패턴을 인지하는 데이터 제공 같은 게 아닐까요? 이런 방향에서 활용되는 AI시스템은 미래학교에서 교육공학적 화두가 되고 있으며, 교수학습법 맞춤형 교육에도 좋은 시사점이 될 것입니다.

무엇보다 정신분석가의 상담실이 미래학교 교실에서 환기하는 가장 중요한 시사점은 분석가와 내담자 사이의 신뢰와 안전한 관계에 대한 고려입니다. 자기 스스로도 꺼낼 수 없는 억압된 기억을 타인에게 꺼내 놓기는 더더욱 힘들 것입니다. 그러므로 치료 과정에서 핵심은 '상담실-교실' 분위기의 안전성과 안정감이며 그를 통해 형성되는 자유로운 대화 상황입니다. 진정한 대화는 '관계적 대화'입니다. 그렇다면 지금 우리 교실에서는 안전한 관계적 대화가 이루어지고 있는 걸까요? 미래를 준비하는 학교들에서 점점 더 학생의 마음과 연결되는 '휴먼서비스'의 중요성이 강조되고 있다는 사실을 말씀드리고 싶습니다. 미국의 대학교에서 채플이 고용되고 명상이 도입되고 심리상담실이 도입되는 것은 학교의 역할이 축소되는 것이 아니라 오히려 다른 방식으로 확장되는 현상을 보여주는 것입니다. 미래에 있어 학교는 지금보다 더 커지고 더 중요한 역할을 수행하게 되는 겁니다.

📖 세 번째 교실,
나를 잊고 나를 알게 하는 장자의 해방적 교실

　세 번째 교실은 『장자莊子』내편內篇「덕충부德充符」에 나오는 백혼무인伯昏無人의 교실입니다. 『장자』는 에피소드를 통해 작자의 생각을 우의적으로 전하는 게 많은 책인데, 이 얘기는 '학교' 공간에서 배움의 기회를 둘러싸고 벌어진 대화라는 점에서 매우 특이하고, 탈고대적입니다. 내용은 형벌을 받아 발뒤꿈치를 잘린 전과자 신도가申徒嘉와 정鄭나라 재상 자산子産이 교실에서 벌인 논쟁입니다. 둘은 '백혼무인伯昏無人'이라는 이름의 스승 아래 무려 19년이나 동문수학해 온 '동문'입니다. 이야기에 등장하는 자산은 공자마저 겸손하고 성실하며 훌륭한 행정가라고 칭찬했던 역사상 실존했던 정치가입니다. 자산은 나라의 재상인 자기가 형벌을 받은 전과자인 신도가와 같은 공간에 평등하게 앉아 스승의 강론을 듣는 것이 늘 불만이었습니다. 마음에 불만을 품고 있던 자산이 어느 날 우연히 둘만 교실에 있게 되었을 때 신도가에게 이런 불만을 토로합니다. "자네와 내가 신분의 차이가 엄연히 다른데 이렇게 같은 공간에서 공부한다는 것이 불편하네. 자네는 나와 마주치지 말고 서로 엇갈리게 수강 신청을 해서 수업을 듣기로 하세." 고대 계급사회에서 전과자와 법 집행의 권력자가 함께 공부한다는 사실은 있을 수 없는 일이었기 때문에 이는 장자가 지어낸 에피소드라고 할 수도 있습니다. 지금도 이런 일은 일어나기 어렵습니다. 아무튼 그때 신도가는 어떻게 대답했을까요? 신도가는 자산에게 다음과 같은 말로 반박합니다.

> "선생님의 문하에 진실로 재상이라는 것이 있어서 이와 같이 해야 하는가? 자네는 자네의 재상됨을 기뻐하여 남을 무시하는 사람일세. 거울이 맑으면 티끌과 때가 앉지 않고, 티끌과 때가 앉으면 거울이 맑지 않으니, 어진 사람과 함께 오래 있으면, 허물이 없게 된다는 말을 들었네. 이제 자네가 크게 여기는 분은 선생님이신데, 아직도 말하는 것이 이와 같으니 어찌 허물이 아니겠는가? … 나는 발끈하고 성을 내다가도 선생님께서 계신 곳에 가면 성이 풀려 돌아오게 되네. 선생님께서 착함으로 나를 씻어주시는 것인지 모르겠네. 선생님과 더불어 19년 동안 노닐면서 나는 일찍이 내가 절름발이임을 알지 못하였네. 이제 자네는 몸과 뼈의 안에서 나로 더불어 노닐고자 하면서 몸과 뼈의 밖에서 나를 찾으니 어찌 잘못이 아니겠는가."

- 『장자』

신도가의 이 말뜻은 세상 사람들이 나를 전과자라고 손가락질하고 배척해도, 스승의 교실에서만큼은 내가 그런 존재라는 사실을 나조차 망각하고 자유롭게 공부했는데, 19년이나 스승 문하에서 공부했다는 당신은 자신을 재상이라고 뽐내고 이 안에서 위계를 의식하고 함께 공부해 온 친구를 배척하려고 하니, 스승을 거울삼아 공부한 사람이 맞느냐는 강력한 비판인 것입니다. 특히 신도가는 이 장면에서 '몸과 뼈의 안形骸之內'과 '몸과 뼈의 밖形骸之外'이라는 표현을 합니다. '몸과 뼈의 안'이 그 사람 자체라고 한다면, '몸과 뼈의 밖'은 그 사람의 외부를 둘러싼 사회적 존재 조건 또는 환경일 것입니다. 신도가는 이 교실이 배움의 의지만으로 충만한 사람들이 모여 있는데, 사람 외부의 것들, 허깨비들을 가지고 사람을 구별하고 타박하느냐고 항의하고 있습니다. 행정 권력과 범법자 간의 동문수학이라는 특이한 구도를 사용한 이야기의 에피소드를 감안할 때, 이는 지배자와 피지배 민중을 구분하는 당대의 지배 질서에 대한 비판을 암시하기도 합니다. 한 개인의 외부를 둘러싼 편견 덩어리와 사회적 조건들이라는 점에서 '몸과 뼈의 밖'은 이데올로기적입니다.

반면 존재 그 자체만을 보는 백혼무인의 교실은 '학교-배움'이 진리를 매개로 가장 자유로운 공간이라는 인식을 무언중에 드러냅니다. 진리의 공간에서 '외물'은 무의미합니다. 에리히 프롬식으로 말하자면 '존재 양식'의 공간에서 '소유 양식'은 의미를 갖지 못합니다. 존재는 보편적이고 무한한 데에 비해 소유는 특수하며 유한하기 때문입니다. 백혼무인의 교실은 누구도 배척하지 않으며, 편견에서 자유롭고 포용적입니다. 이 에피소드에는 두 명만 등장하지만 범법자와 법권력의 지배자가 동문수학하는 이 공간이 얼마나 다문화적이며 탈권위적일 수 있는지 상상해 볼 수 있습니다. 아마 이 교실은 매우 다원적인diversity 공간일 것입니다. 피지배계급과 지배계급의 시각이 공존하고, 노동계급과 행정 권력이 함께 공부하는 이곳에서의 토론은 복합적이며 융합적일 것입니다. 이 교실에서 문제중심학습, 과제중심학습을 공동협력으로 진행한다면 얼마나 실사구시적이며 창의적인 프로젝트가 도출될 수 있을까요?

더불어 신도가는 신체형을 받아 모든 이에게 정체가 노출되었을 뿐만 아니라 늘 자기의 사회적 페르소나를 강박적으로 인지하며 살 수밖에 없었으나, 이곳에 오면 사회적 페르소나를 벗고 정서적인 안정감과 해방감을 느꼈습니다. 또한 사회적 페르소나를 벗을 수 있었으므로 이 교실을 통해 진정한 자기가 누구인지 발견하고, 온전히 자기다움의 정체성을 탐구하며 새로운 성장을 모색할 수 있었을 겁니다.

📖 네 번째 교실,
문학책을 읽는 보르헤스의 아날로그 도서관

　마지막으로 저는 종이책으로 가득 찬 보르헤스의 아날로그 도서관을 떠올립니다. 그곳은 시집과 소설책이 무한대로 채워져 있는 공간입니다. 그곳에서는 IT기기가 작동되지 않습니다. 전자책도 없습니다. 대신 아주 천천히 종이책 넘기는 소리와 사각사각 연필로 노트하는 소리가 여백의 공간을 가로지릅니다. 종이책을 읽는 열람자들의 시선은 차분합니다. 소설을 읽는 그들의 눈동자는 자기 나름의 논리적 확신으로 빛나며, 총명한 눈빛으로 한 문장과 다음 문장을 꼼꼼히 읽어나갑니다. 그들은 디지털 이미지를 읽듯이 스킵하지 않으며, 스크롤을 쭈욱 내리지 않습니다. 그들은 한 장 한 장 넘기는 책장에 닿은 손가락의 지문을 통해서 그 책을 쓴 작가를 느낍니다. 추상적 기호로 된 문자언어가 만들어 낸 사건과 개념들을 자신들의 적극적 상상력과 이해력으로 채워나갑니다.

　시집을 읽으면서 그들은 문자와 문자 사이의 행간에 머뭅니다. 행과 행, 연과 연, 단어의 모호한 메타포와 닿을 때에는 그곳에 더

3교시 ㅇ 가까이 있으나 멀어져 있던 것들을 다시 읽기

266

오래 머뭅니다. 그리고 때로는 시인의 호흡을 좇아갑니다. 열람자들은 침묵에 머물기도 하고 묵상을 하기도 합니다. 독자들은 자기 시점이 아니라 주인공의 시점으로, 자기 목소리가 아니라 화자의 목소리로, 하나의 시점이 아니라 등장인물들의 다중 시점으로, 들리지 않는 내면의 무의식을, 화자와 주인공의 삶의 맥락 속에 자신을 이입하며 글을 읽어나갑니다. 독자의 시선이 화자-인물의 마음과 연결되며, 책 속에 쓰여진 다른 시대는 지금 그 자신이 살고 있는 동시대와 연결됩니다.

맥락화, 문제중심사고, 공감하는 힘, 생각의 추상화와 구체화, 상상력과 창조성, 사물 세계의 거대한 연결성에 대한 인지감각, 예측 불가능성과 만나는 힘, 삶의 신비와 조우하는 경험, 미적 숭고함, 세계-지구-시민적 감수성, 시대정신, 메타인지, 불안을 콘트롤하는 마음챙김, 자기와의 내적 대화, 한 주제를 둘러싼 다원적 대화, 불안의 시대를 온전하게 살게 하는 수용력, 느린 시간을 사는 경험, 감정지능, 인공지능과 다른 인간 고유의 철학적 질문과 인문적 감수성 등이 모두 이 도서관에서 생성됩니다. 보르헤스의 종이책 도서관의 문학 서가는 충만하고 온전한 아날로그적 감각-인지력이야말로 미래에 가장 고귀하고 희귀하게 될 인간 역량을 위한 최고의 학습 공간인 것입니다. 이런 공간은 오래된 교실의 우화를 제공하지만, 가장 앞선 미래의 방향에서 우리의 마음을 흔들고 상상력을 자극합니다.

참고문헌

1) 수지 개블릭,『르네 마그리트』, (천수원 역, 시공사, 2000).

2) 호르헤 루이스 보르헤스,『바벨의 도서관』,『픽션들』, (송병선 역, 민음사, 2011)

3) 신혜원·마누엘가우사 /특별자문 함돈균,《시민도시 서울 도시 비전을 위한 기초 조사》(서울특별시, 2018)

4) 김종윤《OECD Education 2030 프로젝트 1단계 연구성과, 교육광장 73(1)》https://www.oecd.org/en/about/projects/future-of-education-andskills-2030.html

5) 앙투안 드 생택쥐페리,『어린 왕자』 (황현산 역, 열린책들, 2015)

6) 플라톤,『메논』, (이상인 역, 아카넷, 2019)

7) 에리히 프롬,『소유냐 존재냐』, (차경아 역, 까치, 2020)

8) 폴김·함돈균,『교육의 미래 티칭이 아니라 코칭이다』, (세종서적, 2017/2020)

9) 김길홍·나성섭·폴김·함돈균,『교육의 미래 컬처 엔지니어링』, (동아시아, 2021)

10) 프란츠 카프카,『성』, (이재황 역, 열린책들, 2015)

11) 함돈균,『사물의 철학』, (세종서적, 2016 / 난다, 2023)

함돈균,『코끼리를 삼킨 사물들』, (세종서적, 2018)

함돈균,『순간의 철학』, (난다, 2021)

12) 토드 로즈,『평균의 종말』, (정미나 역, 21세기북스, 2021

13) 프랑시스 퐁쥬,『사물에 대한 고정관념』, (권오룡 역, 청하, 1986)

14) 프랑시스 퐁쥬, 같은 책.

15) 테오도르 아도르노,『미니마 모랄리아』, (김유동 역, 길, 2005)

16) 현대자동차,『PONY』, (현대자동차, 2023)

_ 이 책은 당초 현대자동차의 헤리티지 시리즈로 기획되어 현대자동차 브랜드팀

과 출판사 안그라픽스가 협업하여 진행된 수준 높은 아트북이다. 대중 출판시장에 선보이는 정식 연속출판 기획이었으나, 우선 비매품의 형태로 현대자동차그룹의 가장 큰 자부심이자 오리지널리티가 깃든 '포니(PONY)'의 역사와 문화사적 관점을 종합한 한 권의 책으로 출판된 상태다.

17) 아리스토텔레스, 『정치학』,(천병희 역, 숲, 2009)

18) 프리드리히 폰 실러, 『미학적 교육에 관한 미적 편지』, (위즈덤커넥트, 2024)

19) 프리드리히 폰 실러, 『미학적 교육에 관한 미적 편지』, (위즈덤커넥트, 2024)

20) Keri Facer, 《Learning Futures: Education, Technology and Social Change》. Routledge . 2011

21) 프리드리히 니체, 『차라투스트라는 이렇게 말했다』, (두행숙 역, 부북스, 2016)

22) 스가고 에리코 『MIT 음악수업』,(한세희 역, 현익출판, 2022)

23) 미네르바대학, 위키피디아

24) 《OECD 미래교육보고서》

25) 김종윤, 김종윤《OECD Education 2030 프로젝트 1단계 연구성과, 교육광장 73(1)》https://www.oecd.org/en/about/projects/future-of-education-andskills-2030.html

26) https://www.nest4next.com/insight/insight7

27) 애리조나주립대학 홈페이지 참조.

28) 〈2021 대학혁신포럼 Day 1〉기조 세션, 2021, 유튜브

29) 학생인권조례, 경기도교육청 (김상곤 교육감. 2010)
학생인권조례, 서울시교육청 (곽노현 교육감, 2012)

30) 국가인권위원회. 2023

31) 폴김·함돈균,『교육의 미래 티칭이 아니라 코칭이다』, (세종서적, 2017/2020)

32) 조병영,『읽는 인간, 리터러시를 경험하라』, (쌤앤파커스, 2022)

33) 한병철,『오늘날 혁명은 왜 불가능한가』, (문학과 지성사 전대호 역, 2024)

34) 석지영,『하버드 로스쿨 종신교수 석지영의 법의 재발견』(W미디어, 김하나 역, 2011)

35) 《OECD 2030》,

36) 자크 랑시에르,『무지한 스승』, (양창렬 역, 궁리, 2016)

37) 대니얼 골드먼,『감성지능』, (한창호 역, 웅진지식하우스, 2008)

38) 한병철,『에로스의 종말』, (김태환 역, 문학과 지성사, 2015)

39) 필립 셸드레이크,『영성이란 무엇인가』, (한윤정 역, 불광출판사, 2023)

40) 플라톤,『소크라테스의 변명_크리톤·파이돈·, 향연』(박문재 역, 현대지성, 2019)

41) 필립 셸드레이크,『영성이란 무엇인가』, (한윤정 역, 불광출판사, 2023)

42) 루돌프 슈타이너,『발도로프 학교와 그 정신』, (최혜경 역, 밝은누리, 2015)

43) 플라톤,『테아이테토스』, (천병희 역, 숲, 2017)

44) 김길홍·나성섭·폴김·함돈균,『컬처 엔지니어링』, (동아시아, 2021)

45) 조병영,『읽는 인간, 리터러시를 경험하라』, (쌤앤파커스, 2022)

46) 박은주,『한나 아렌트, 교육의 위기를 말하다』, (빈빈책방, 2021)

HYPER-CONNECTED SCHOOL

초연결 학교
세상을 품은 학교의 시대가 온다

2025년 1월 3일 초판 1쇄 발행

지은이 함돈균
펴낸이 이원주

편집인 박숙정 **책임편집** 박숙정 **기획편집** 최현정, 정선우, 김수정 **디자인** 전성연 **외주디자인** ALL designgroup
마케팅 양근모, 권금숙, 양봉호, 이도경 **온라인마케팅** 신하은, 현나래, 최혜빈
디지털콘텐츠 최은정 **해외기획** 우정민, 배혜림
경영지원 김현우, 강신우, 이윤재 **제작** 이진영
펴낸곳 쌤앤파커스 **출판신고** 2006년 9월 25일 제406-2006-000210호
주소 서울시 마포구 월드컵북로 396 누리꿈스퀘어 비즈니스타워 18층
전화 02-6712-9800 **팩스** 02-6712-9810 **이메일** info@smpk.kr

쌤앤파커스(Sam&Parkers)는 독자 여러분의 책에 관한 아이디어와 원고 투고를 설레는 마음으로 기다리고 있습니다. 책으로 엮기를 원하는 아이디어가 있으신 분은 이메일 book@smpk.kr로 간단한 개요와 취지, 연락처 등을 보내주세요. 머뭇거리지 말고 문을 두드리세요. 길이 열립니다.